本書は、法人税法能力検定試験（公益社団法人全国経理教育協会主催）1級受験のためのテキストです。弊社刊「基本税法」の法人税法編に、1級試験に必要な内容を加筆し、また出題頻度の高い個別計算論点を例題として新たに掲載いたしましたので、検定対策として十分お役立ていただけます。

　本書を手に取られる方は2級の取得者で、将来、税理士を目指している方ではないでしょうか。すでに税法の概要は理解されているはずですが、1級では各論点とも「知識の奥行き」が求められます。

　1級は税理士試験への通過点と位置づけられています。そのため、易しい試験ではありません。本書がみなさまの夢や目標に少しでも近づくための一助となれば幸いです。

# Index

# 第 **1** 章 法人税のあらまし

## 1 法人税は，会社等の法人の所得にかかる

　法人税は，所得税や消費税と同じ国税で，会社等の法人の所得等に課税される。会社は，決算をして，当期の利益又は損失が確定すると，決算日の翌日から原則として2か月以内に法人税申告書を作成し，これに会社の作成した損益計算書と期末貸借対照表等を添えて提出し，あわせて確定した法人税を納付する。

## 2 法人税は事業年度を単位として課税される

　会社は，定款等によって会計期間を定めており，通常1年とされている。法人税は，会社の定めた会計期間を課税の計算単位としており，これを事業年度と呼んでいる。会社以外の法人で事業年度が1年を超える場合は，1年毎に期間を区切って計算することとなる。

## 3 法人税の納税義務者と納税義務の範囲

　法人税法では法人を次のように区別している。これは，その法人の担税力に応じた法人税を課するためである。

| 内国法人 | 公共法人<br>公益法人等<br>人格のない社団等<br>協同組合等<br>普通法人 | 外国法人 | 人格のない社団等<br>普通法人 |
|---|---|---|---|

(1) 内国法人とは……

　　国内に本店又は主たる事務所を有する法人で，国内に源泉のある所得と，国外に源泉がある所得のすべてに課税される。

　（参考）国内とは，この法律の施行地を言い，国外とはこの法律の施行地外の地域をいう。

(2) 外国法人とは……

　　内国法人以外の法人で，国内源泉所得（国内に資産又は事業所等を有し，その資産又は事業所等から生ずる所得）についてのみ課税される。

(3) 公共法人とは……

　　政府の出資により公共の利益のために営む企業体であり，地方公共団体，国立大学法人，㈱日本政策金融公庫，日本放送協会等がある。公共法人は，公共性が強く，私的所有，私的支配に属さないことから非課税法人とされている。

(4) 公益法人等とは……

　　原則として利益又は残余財産が分配されるべき特定の資本主等を有せず，しかも，その営む公益事業は，社会公共の利益を目的とする法人をいう。公益社団法人及び公益財団法人，非営利型法人に該当する一般社団法人及び一般財団法人並びに日本赤十字社，商工会議所，学校法人，宗教法人等がある。ただし，このような法人であっても，公益事業を営むかたわら営利事業を営む場合があるが，そうした収益事業については課税される。

　　収益事業とは，物品販売業，不動産販売業，金銭貸付業等の事業で継続して事業場を設けて営まれる事業をいう。

(5) 人格のない社団等とは……

　　法人でない社団又は財団で代表者又は管理人の定めがあるものをいい，社交クラブ，同窓会，ＰＴＡ，各種親睦団体等がこれに該当する。

　　法人税法では，このような権利能力のない社団等を法人とみなし，収益事業を営む場合に限って課税している。

(6) 普通法人とは……

　　公共法人，公益法人等，協同組合等以外の法人をいい，人格のない社団等を除く。普通法人には，株式会社（有限会社を含む），合同会社，合名・合資会社，企業組合等がある。

　　内国普通法人は，納税義務に制限がなく，原則として，すべての所得に課税されることから，一般に無制限納税義務者と呼ばれている。

(7) 協同組合等とは……

　　組合員は自分で事業を営み，組合は組合員の事業活動に便宜を与えるために活動を行うだけで組合自体の営利を追求するのではない。また，一般大衆の公益を目的とするのでもない。

　　協同組合等には，信用金庫，商工組合，農業協同組合等があり，公益法人等と普通法人との性格をあわせ持っており，内国普通法人と同様に無制限納税義務者であるが，法人税率は普通法人と比べて低い税率が定められている。

## 4 法人税の課税標準と税率

(1) 法人税の課税標準

　　法人税は，法人の各事業年度の所得の金額や退職年金等積立金を課税標準（税額計算の基礎となる金額）とし，その所得の金額等に税率を乗じて計算される。退職年金等積立金に対する法人税は，保険会社等特殊な法人に関するものであるため，ここでは通常の事業年度において法人が得た所得を取り上げて説明をする。

(2) 法人税の税率

　　各事業年度の所得に対する法人税の税率は，法人の種類に応じて次のとおり定められている。

| (1) 普通法人等 | | |
|---|---|---|
| ① 期末資本（出資）金額が1億円を超える普通法人等 …………………………… | | 23.2% |
| ② 期末資本（出資）金額が1億円以下の普通法人等（資本を有しない法人も含む） | | |
| 　年800万円以下の部分の金額 ……………………………………………… | | 19%（注1） |
| 　年800万円を超える部分の金額 ………………………………………………… | | 23.2% |
| (2) 人格のない社団等 | 年800万円以下の金額 ……………………… | 19%（注1） |
| | 年800万円を超える金額 ……………………… | 23.2% |
| (3) 協同組合など | 年800万円以下の金額 ……………………… | 19%（注1） |
| | 年800万円を超える金額 ……………………… | 19% |

（参考）同族会社については各事業年度の所得のうち社内留保した金額が一定基準を超えるとその部分（課税留保金額）に特別税率の適用がある。

（注1）期末資本金の額又は出資金の額が1億円以下の普通法人（資本金の額または出資金の額が5億円以上の法人の100％子法人などを除く）及び人格のない社団等，又は協同組合等などにおける年800万円以下の部分の金額については，平成24年4月1日から令和7年3月31日までの間に開始する各事業年度の税率を，19％ではなく15％とする。

## 5 青色申告制度

(1) 青色申告制度は，納税者が所定の帳簿書類を備付け税務署長の承認（承認を受けるためには，原則として，青色申告をしようとする事業年度開始の日の前日までに青色申告承認申請書を税務署長に提出しなければならない。）を受けた場合に，青色申告書（注1）を提出することができるという制度であり，税法上の各種の特典が受けられる。

(2) 青色申告の特典

① 欠損金の10年間繰越控除（平成20年4月1日前に終了した事業年度において生じた欠損金の繰越控除については7年間。平成20年4月1日以後終了事業年度から平成30年3月31日以前に開始した事業年度において生じた欠損金の繰越控除については9年間，平成30年4月1日以後に開始する事業年度において生ずる欠損金額の繰越控除については10年間）

② 欠損金の繰戻しによる，前1年以内の法人税額の還付

③ 減価償却資産の特別償却，割増償却，各種特別控除の適用

④ 各種準備金の積立額の損金算入など

⑤ 中小企業者等の少額減価償却資産（取得価格30万円未満）の即時損金算入

(3) 青色申告の取消し，取りやめ

税務署長は，青色申告書の提出の承認を受けている法人について，帳簿書類の備付け，記録又は保存が所定の方法に従っていないことなど一定の事実があるときは，その承認を取消すことができる。

また，青色申告書の提出を取りやめようとする法人は，その取りやめようとする事業年度終了の日の翌日から2か月以内に，税務署長に対し，その取りやめのための届出をしなければならない。

(4) 青色申告の承認があったものとみなされる場合（自動承認）

青色申告をするための承認の申請書の提出があった場合において，その青色申告書を提出しようとする事業年度終了の日（その事業年度について中間申告書を提出すべき法人については，その事業年度開始の日以後6月を経過する日）までにその申請につき，承認又は却下の処分がなされなかった場合には，その日に承認があったものとみなされる。

> **(注1)** 青色申告書以外の申告書を一般に白色申告書という。

## 6 納税地

納税地とは，納税義務者が申告，納税の義務を履行し，また，各種の申請，税務上の権利を行使する場所のことをいう。

(1) 「納税地」とは，原則として，その本店又は主たる事務所の所在地である。

(2) 納税地の異動があったときは，その法人は，遅滞なく，その異動前の納税地の所轄税務署長にその旨を届出なければならない。

## 7 内国普通法人等の設立の届出

新たに設立された内国法人である普通法人又は協同組合等は，その設立の日以後2か月以内に，その納税地等を記載した届出書に，その設立の時における貸借対照表その他所定の書類を添付し，これを納税地の所轄税務署長に提出しなければならない。

## 8 事業年度

(1) 事業年度とは，法人の財産及び損益の計算の単位となる期間（以下「会計期間」という。）で，法令で定めるもの又は法人の定款，寄附行為，規則もしくは規約（以下「定款等」という。）に定めるものをいう。

(2) 法令又は定款等に会計期間の定めがない法人は，会計期間を定めて納税地の所轄税務署長に届け出なければならない。

(3) 法人がその定款等に定める会計期間を変更した場合には，遅滞なく，その変更前及び変更後の会計期間を納税地の所轄税務署長に届け出なければならない。

　また，その定款等に新たに会計期間を定めた場合にも，遅滞なく，その定めた会計期間を届け出なければならない。

## 9 資本金等の額

　法人が株主等から出資を受けた資本金の額または出資金の額などである。具体的には，下記の算式により計算した金額となる。

［算式］

資本金等の額＝資本金の額または出資金の額＋(1)－(2)＋(3)－(4)

(1) 過去事業年度における加算すべき金額

(2) 過去事業年度における減算すべき金額

(3) その事業年度開始の日以降の加算すべき金額

(4) その事業年度開始の日以降の減算すべき金額

> **(参考)** 加算すべき金額とは
> ① 株式の発行または自己株式の譲渡につき払い込まれた金銭等の額から増加した資本金の額を減算した金額
> ② 新株予約権の行使により払い込まれた金銭等の額等及び行使直前の新株予約権の帳簿価額相当額から増加した資本金の額を減算した金額
> ③ 取得条件付新株予約権の対価として自己株式を交付した場合におけるその取得の直前の取得条項付新株予約権の帳簿価額相当額から増加した資本金の額を減算した金額
> ④ 合併などの組織再編成により移転を受けた純資産価額から増加資本金額等を減算した金額
> ⑤ 資本金の額または出資金の額を減少した金額
> ⑥ その他一定の金額
>
> **(参考)** 減算すべき金額とは
> ① 準備金及び剰余金等の資本組入額
> ② 資本の払い戻し等による減資資本金額
> ③ 自己株式の取得等にかかる取得資本金額
> ④ 自己株式の取得等の対価に相当する金額
> ⑤ その他一定の金額

## 10 利益積立金額

　法人の所得の金額で留保している金額として政令で定める金額をいう。具体的には，下記の算式により計算した金額となる。

　利益積立金＝(1)－(2)＋(3)－(4)

(1) 過去事業年度における加算すべき金額

(2) 過去事業年度における減算すべき金額

⑶ その事業年度開始の日以降における加算すべき金額

⑷ その事業年度開始の日以降における減算すべき金額

> **(参考)** 加算すべき金額とは，所得の金額，受取配当等の益金不算入の規定により益金不算入となる金額，還付金等の益金不算入に規定する還付を受け又は充当される金額など一定の金額から，欠損金額や納付することとなる法人税や地方法人税，法人住民税など一定の金額を減算した金額である。
>
> 減算すべき金額とは，剰余金の配当等の金額など一定の金額である。

# 第 **2** 章 法人税法上の「所得」

## 1 所得の金額

　法人税法では各事業年度の法人税の課税標準を，各事業年度の所得の金額とし，各事業年度の所得の金額は，その事業年度の益金の額から損金の額を控除した金額と定められている。また，各事業年度の所得の金額の計算上，益金の額に算入すべき収益の額，並びに損金の額に算入すべき原価，費用及び損失の額は，一般に公正妥当と認められる会計処理の基準に従って計算されるものとされている。

　法人税法の益金と損金は，企業会計の収益と費用・損失にそれぞれ対応するものであるが，取扱いが異なるものがある。

| | |
|---|---|
| （法人税法） | 所得 ＝ 益金 － 損金 |
| （企業会計） | 利益 ＝ 収益 － 原価・費用・損失 |

## 2 益金の額

　各事業年度の所得の金額の計算上，当該事業年度の益金の額に算入すべき金額は，別段の定めがあるものを除き，次に掲げるものである。
　① 資産の販売
　② 有償による資産の譲渡，役務の提供
　③ 無償又は低い価格による資産の譲渡，役務の提供
　④ 無償による資産の譲受け
　⑤ その他の取引で資本等取引以外のものに係る収益の額

## 3 損金の額

　各事業年度の所得の金額の計算上，該当事業年度の損金の額に算入すべき金額は，別段の定めがあるものを除き，次に掲げるものである。
　① 収益に係る売上原価，完成工事原価その他これらに準ずる原価の額
　② 販売費，一般管理費その他の費用（償却費以外の費用で期末に債務が確定していないものを除く。）の額
　③ その他の損失の額で資本等取引以外の取引に係る額

> **(注)** 法人税法は，収益および費用を認識する方法として，権利が確定しているかどうか，または，債務が確定しているかどうかという基準を採っているが，これを権利確定主義および債務確定主義という。

## 4 税務上の所得と企業会計上の利益

　会社の経理は企業会計の原則に従って行われ，法人税の益金と損金は「一般に公正妥当と認められる会計処理の基準にしたがって計算されるもの」とされるが，企業経理の現実的実態，課税の公平，その他政策上の問題があって，企業経理による当期利益額がそのまま税務上の所得金額とはならず，ここに税務上の調整処理が入ってくる。

法人税法で所得金額の計算の基礎となるのは株主総会等で承認された当期利益額であるが，税法上の調整処理は次のような言葉で表わされている。

① 益金算入 → 当期利益額に加算
② 益金不算入 → 当期利益額から減算
③ 損金算入 → 当期利益額から減算
④ 損金不算入 → 当期利益額に加算

以上の調整計算は主に申告書「別表四」という税務上の所得計算書の上で行う。確定した決算において費用または損失として経理（「損金経理」という）しなければ税法上損金と認めない項目（例えば，減価償却費，引当金の計上など）があるので注意しなければならない。

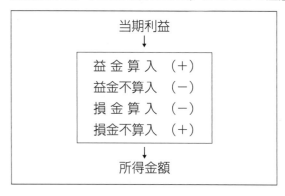

$$
\begin{array}{c}
当期利益 \\
\downarrow \\
\boxed{
\begin{array}{l}
益金算入 \quad (+) \\
益金不算入 \quad (-) \\
損金算入 \quad (-) \\
損金不算入 \quad (+)
\end{array}
} \\
\downarrow \\
所得金額
\end{array}
$$

## 5 資本等取引

資本等取引とは，資本金等の額の増加又は減少を生ずる取引並びに法人が行う利益又は剰余金の分配（資産の流動化に関する法律に規定する金銭の分配を含む）及び残余財産の分配又は引渡しをいう。

## 6 経理方式による所得計算への影響（適格請求書等保存方式の対応）

消費税の課税事業者である事業者は，法人税の所得金額の計算に当たり，消費税等の経理処理について，税抜経理方式または税込経理方式のいずれかを任意に選択することができる。法人が採用する経理方式の違いにより，法人税の各種所得計算に影響を与えることがある。

(1) 税抜経理方式

税抜経理方式による場合は，課税売上げに係る消費税等の額は仮受消費税等として計上し，課税仕入れに係る消費税等の額については仮払消費税等として処理する。

なお，適格請求書等保存方式開始後，適格請求書発行事業者以外の者からの課税仕入れについては，一定期間，制度開始前の仕入税額相当額の一定割合（80％相当額または50％相当額）を仕入税額として控除できる経過措置が設けられている。

したがって，この経過措置の適用を受ける課税仕入れについて，支払対価の額のうち適格請求書等保存方式開始前の仮払消費税等の額の80％相当額または50％相当額を仮払消費税等の額とし，残額をその取引の対価の額として法人税の所得金額の計算を行うこととなる。

(2) 税込経理方式

税込経理方式による場合は，課税売上げに係る消費税等の額は，収益の額に計上し，課税仕入れに係る消費税等の額は，費用または資産等の取得価額に計上する。また，申告書の提出により納付すべき消費税等の額は租税公課として損金の額に算入する。

なお，消費税の納税義務が免除されている免税事業者は，その行う取引について税抜経理方式で経理をしている場合であっても，税込経理方式を適用して法人税の所得金額を計算することとなる。

⑶　資産等の取得価額などの取り扱い

　　資産の取得価額や交際費等などの費用の額については，法人が税込経理方式を採用している場合や免税事業者の場合には税込金額により，税抜経理方式を採用している場合には税抜金額により判定し，各種所得金額の計算を進めることとなる。

　　なお，適格請求書発行事業者以外の者（消費者，免税事業者または登録を受けていない課税事業者）からの課税仕入れについて，その対価の額と区分して経理をした消費税等の額に相当する金額は，その課税仕入れに係る取引の対価の額に含めて法人税の所得金額の計算を行うこととなる。

## 7 所得の帰属

　法人税は形式的な名義のいかんにかかわらず，実質的な所得の帰属者に課税することとされている。これを「実質所得者課税の原則」という。

# 第 3 章 損益の期間帰属

## 1 一般原則

収益の計上時期は，原則として目的物の引渡し又は役務の提供の日の属する事業年度となる。

(1) 棚卸資産の販売による収益

商品等の棚卸資産の販売による収益は，代金の受取りには関係なく，商品等を相手に引渡したときに売上収益を計上する。「引渡し」の時期については次の基準があり，その基準を継続して適用しなければいけない。

① 出 荷 基 準
② 引 渡 基 準
③ 検 収 基 準
④ 使用収益基準

> **(注)** 棚卸資産とは，商品，製品，半製品，仕掛品，原材料などをいう。詳細はP10を参照する。

(2) 固定資産の譲渡による収益

固定資産の譲渡による収益は，原則として引渡しのあった日の属する事業年度の益金となる。

(3) 貸付金，預貯金，有価証券の利子

貸付金，預貯金，有価証券の利子は，原則として，その利子の計算期間の経過に応じて収益計上するが，選択により利子の支払期日が1年以内の一定の期間ごとに到来するものは，その支払期日のつど，収益計上することもできる。

(4) 受取配当等

受取配当等については，原則として効力発生日（配当決議の日等権利の確定した日）の属する事業年度の益金計上する。

(5) 賃貸料

地代家賃等は，原則として前受けの場合を除き，契約等により支払を受けるべき日として定められた日に益金を計上する。

## 2 委託販売

棚卸資産の委託販売における益金計上の日は，原則として，受託者が実際に販売した日であるが，売上計算書が売上のつど（週・旬・月単位でよい）作成され送付されているときは，選択により，その計算書が到着した日としてもよいとされている。

## 3 長期割賦販売等

長期割賦販売等に該当する資産の販売，譲渡，工事（製造を含む。）の請負又は役務の提供（以下「資産の販売等」という。）をした場合において，その資産の販売等に係る収益の額，費用の額を延払基準の方法により経理したときは，これらの額は，益金の額又は損金の額に算入される。

延払基準の方法は税制改正により廃止されることとなったが，従来から延払基準を適用している法人向けに，一定の経過措置が設けられている。

## 4 工事の請負

(1) 長期大規模工事に該当する工事（ソフトウェアの開発を含む。）の請負については，工事進行基準の方法により収益費用の額を計算する。

> **(注)**　長期大規模工事とは，その着工の日から目的物の引渡しの日までの期間が 1 年以上であり，その対価の額が 10 億円以上，その他所定の要件を満たす工事をいう。

(2) (1)に該当しない工事の請負のうち，着工の年度にその引渡が行なわれないものについては，確定した決算において工事進行基準の方法又は工事完成基準の方法のいずれかの方法により収益費用の額を計算する。

> **(注)**　工事進行基準とは，その年度における工事の進行程度により収益費用を計算する方法で，工事完成基準とは，その年度における完成した工事の収益費用を計算する方法である。

## 5 割戻し

(1) 売上割戻し

販売価額又は販売数量による割戻しで，その算定基準が相手にも明示されている場合は，販売時に損金として計上するが，算定基準が相手に明示されていない場合は，通知又は支払いをした時に計上する。

(2) 仕入割戻し

売上割戻しの逆の立場であるが，算定基準が明示されている場合は，購入時に仕入高から控除するか，益金に計上するが，明示されていない場合には，割戻しの金額の通知を受けた時に処理する。

## 6 その他の損益

(1) 損害賠償金

他から支払を受ける損害賠償金は，原則としてその支払を受けるべきことが確定した時に益金として計上する。

反対に損害を賠償する場合には，原則としてその支払うべき金額が確定した時に損金計上する。

(2) 短期の前払費用

保険料などの前払費用のうち，支払うべき日以後 1 年分以内のもので，少額のものならば，継続的処理を条件として，支払った時に損金として計上できる。

(3) 消耗品費等

未使用の消耗品等は期末に貯蔵品として資産計上することを原則とするが，一定の要件に該当すれば継続処理を条件として取得年度の損金とすることができる。

(4) 固定資産の譲渡による収益

固定資産の譲渡に係る収益は，その引渡しの日の属する事業年度の益金とする。ただし，その固定資産が土地，建物その他これに類する資産である場合においては，譲渡の契約の効力発生の日の属する事業年度の益金に算入しても差し支えない。

# 第 **4** 章 棚卸資産

## 1 棚卸資産の範囲

税法にいう棚卸資産は，次の資産で棚卸をすべきもの（有価証券及び短期売買商品を除く。）をいう。

(1) 商品又は製品（副産物及び作業くずを含む。）
(2) 半製品（半成工事を含む。）
(3) 仕掛品
(4) 主要原材料
(5) 補助原材料
(6) 消耗品，貯蔵品
(7) (1)～(6)に準ずる資産

ただし，自社で事業の用に供する建物や機械など固定資産を建設するために購入した資材は，棚卸資産ではなく，建設仮勘定となる。その他，固定資産の処分廃材，土建業などの足場丸太，シートなども棚卸資産には該当しない。

## 2 評価の方法

次の算式でもわかるように期末棚卸資産の評価は，売上原価の計算上重要な意味をもつ。そこで法人税法では，棚卸資産の評価方法について定めている。

[算式]　売上原価＝期首棚卸高＋当期仕入高－期末棚卸高

評価の方法には，原則法と低価法があり，さらに原価法については6つの方法が認められている。これらの方法の中から，会社の営業の種類と，資産の種類に応じて評価方法を選び，確定申告書の提出期限までに税務署長に届出なければならない。また，評価方法を選定しなかったときや，選定した評価方法によらなかったときは，最終仕入原価法で評価することになる。（法定評価方法）

評価方法を変えたいときには，新しい方法を適用したい事業年度が始まる日の前日までに，変更したい方法や理由などを書いた「変更承認申請書」を税務署長に提出しその承認を受けなければならない。

(1) 原価法

原価法として認められる方法は，個別法，先入先出法，総平均法，移動平均法，最終仕入原価法，売価還元法の各方法である。

(2) 低価法

低価法とは，上記(1)の方法で評価した価額と期末の時価と比較し，いずれか低い方の価額で評価する方法をいう。

この場合，期末棚卸資産をその種類等の異なるごとに比較する。

(3)　取得価額

　　①　購入したもの……購入した棚卸資産は，原則として購入代価（引取運賃，荷役費，運送保険料，購入手数料，関税などの付随費用があるときはその費用の額を加える。）のほかにこれを消費又は販売するための直接の費用などが含まれる。

　　②　製造したもの……製造のための材料費，労務費，経費のほか，これを消費販売のために直接要した費用が含まれる。

　　③　その他のもの……取得のときの時価に付随費用を加えて評価する。

(4)　評価損を計上した棚卸資産

　　棚卸資産について災害損失，著しい陳腐化，型くずれ，棚ざらし，品質変化等があったときは，その販売可能な価額で評価する。

　　なお，この場合には，法人は，その評価損につき損金経理をしなければならない。

(5)　評価方法の選定及び変更

　　棚卸資産の評価方法を選定した場合には，一定の日を含む事業年度の確定申告期限までに納税地の所轄税務署長に届出なければならない。

　　また評価方法を変更しようとする場合には，原則として新たな評価方法を採用しようとする事業年度開始の日の前日までに変更の承認を申請し，納税地の所轄税務署長の承認を受けなければならない。

(6)　法定評価方法

　　評価方法の届出が無かった場合，又は届出た方法により評価していなかった場合には，最終仕入原価法による原価法で評価する。

# 第 5 章 有価証券

## 1 有価証券の範囲

税法にいう有価証券には，次のようなものが含まれる。

① 国債証券
② 地方債証券
③ 社債券
④ 株券及び出資証券
⑤ 証券投資信託及び貸付信託の受益証券
⑥ その他①～⑤に準ずるもの

## 2 取得価額

有価証券を取得する場合にはいろいろな方法があり，その方法により取得価額に差異があるが，主なものは次のとおりである。

払込みの場合………………払込金額

購入した場合………………購入代価（購入手数料など取得のための費用を含む。）

なお，有価証券について評価換えをした場合及び増資又は減資により取得した株式など所定の場合には，別段の定めがある。

## 3 譲渡原価の計算

有価証券の譲渡原価の計算は，移動平均法又は総平均法により計算した 1 単位あたりの帳簿価額に譲渡した有価証券の数を乗じて計算する。

法人が有価証券を取得した場合には，その日の属する事業年度の確定申告書の提出期限までに算出の方法を税務署長に届出なければならない。

ただし，法人が，算出の方法を選定しなかった場合又は選定した方法によらなかった場合には，移動平均法（法定評価方法）により算出する。

> **（参考）** 評価方法の変更
> 　選択した評価方法を変更する場合には，新たな評価方法を採用しようとする事業年度開始の日の前日までに，その理由等を記載した申請書を納税地の所轄税務署長に提出し，その承認を受けなければならない。なお，その事業年度末日までに承認または却下の処分がなかったときには，その承認があったものとみなされる。

## 4 評価の方法

(1) 売買目的有価証券………事業年度終了の日における時価。
評価益又は評価損は，その事業年度の益金の額又は損金の額に算入し，翌事業年度において洗替え処理する。

(2) 売買目的外有価証券……原価法
なお，償還期限及び償還金額のあるものについては，帳簿価額と償還金額との差額の調整を加えた価額。

（注）　売買目的有価証券とは短期的な価格の変動を利用して利益を得る目的で取得した有価証券で，一定のものをいう。

## 5 デリバティブ取引

　法人が行ったデリバティブ取引のうち，事業年度終了の時において未決済となっているもの（未決済デリバティブ取引）については，事業年度終了の時において決済したものとみなし，その利益の額又は損失の額に相当する金額（「みなし決済損益額」という。）をその事業年度の益金の額又は損金の額に算入する。また，当該益金の額又は損金の額については，翌事業年度において洗い替え処理し，損金の額又は益金の額に算入する。

## 6 外貨建有価証券の換算方法

　売買目的有価証券………期末時換算法
　売買目的外有価証券……発生時換算法

## 7 短期売買商品等の譲渡損益

　短期売買商品等とは，短期的な価格の変動を利用して利益を得る目的で取得した資産で一定のもの（有価証券を除く）及び資金決済法に規定する暗号資産をいう。
(1)　譲渡損益の取扱
　　短期売買商品等を譲渡した場合には，その譲渡にかかる契約をした日の属する事業年度において，譲渡対価の額から譲渡原価の額を減算した金額を益金の額または損金の額に算入する。
(2)　譲渡原価の額
　　その種類又は銘柄を同じくするものごとに，法人が選定した一単位あたりの帳簿価額の算出方法により算出した金額に，譲渡した短期売買商品等の数量を乗じて計算した金額をいう。なお，一単位あたりの帳簿価額の算出方法を選択しなかった場合には，移動平均法（法定評価方法）により計算した金額とする。
(3)　評価方法の選択や変更
　　原則として，有価証券と同様の取扱いとなる。

# 第 **6** 章 減価償却

## 1 減価償却の対象となる資産

土地や建物，機械，備品，電話加入権などの固定資産のうち一定の資産については，時の経過又は使用につれてその資産の価値が減少し，最終的には使用できなくなる。そこで耐用年数の期間に応じて，費用として計上していこうというのが減価償却の計算の考え方である。

ただし会社が各々自由な方法で減価償却の計算を行うと課税の公平も保証できなくなってしまう。そこで法人税法では，減価償却の方法などについて規定を置いている。

(1) 減価償却資産

減価償却の対象となる固定資産（これを減価償却資産という。）は次のとおりである。

① 有形減価償却資産

イ 建物及び建物附属設備　　ロ 構築物　　ハ 機械及び装置　　ニ 船舶

ホ 航空機　　ヘ 車両及び運搬具　　ト 工具，器具及び備品

② 無形減価償却資産

イ 鉱業権　　ロ 漁業権　　ハ 特許権　　ニ 実用新案権

ホ 意匠権　　ヘ 商標権　　ト 営業権　　チ 専用側線利用権

リ 電信電話専用施設利用権　　ヌ ソフトウェア

③ 生　物（注1）

イ 牛，馬，豚，綿羊及びやぎ　　ロ かんきつ樹，りんご樹，など

ハ 茶樹，オリーブ樹，つばき樹，など

④ 書画骨とう（注2）

> **(注1)** 観賞用，興業用等の生物は備品に該当する。また，上記に該当するものでも事業の用に供していないものは，減価償却資産として取扱われないが，いつでも稼働し得る状態にあるものは，減価償却資産に該当する。
>
> **(注2)** 書画や骨とう品などは，時の経過により価値は減少しないものとして減価償却の対象とはされていなかったが，絵画などの一定の美術品等で取得価額が100万円未満であるもの（一定のものを除く）は，平成27年1月1日以降取得分から減価償却資産に該当し，償却の対象となった。

(2) 少額な減価償却資産の特例

① 少額減価償却資産の損金算入の特例

取得価額が10万円未満又は使用可能期間が1年未満である減価償却資産（貸付け（主要な事業として行われるものを除く。）の用に供した資産を除く。）については，これらを事業の用に供した事業年度にその取得価額を損金経理した場合には，その金額を損金の額に算入される。

② 一括償却資産の損金算入の特例

取得価額が20万円未満の減価償却資産（上記①の適用を受けるものを除き，貸付け（主要な事業として行われるものを除く。）の用に供した資産を除く。）については，事業年度ごとに，一括して3年間で償却する方法を選択できる。

$$一括償却対象額 \times \frac{その事業年度の月数}{36} = 損金算入限度額$$

③ 中小企業者等の少額減価償却資産の取得価額の損金算入の特例

青色申告書を提出する法人である中小企業者（資本金額又は出資金額が1億円以下の一定の法人をいう。）等が，令和8年3月31日までの間に，取得価額10万円以上30万円未満の減価償却資産（貸付け（主要な事業として行われるものを除く。）の用に供した資産を除く。）を取得

した場合には，損金経理を要件として，その取得価額の全額を損金算入することができる（合計300万円が限度）。

(3) 非減価償却資産

使用により，または時の経過により価値が減少しないもの，または事業の用に供する段階のものでないものは償却の対象とならない。

非減価償却資産には，土地，書画骨とう（一定のものを除く），借地権，電話加入権，建設仮勘定などがある。

## 2 減価償却資産の取得価額

償却計算の基礎となる取得価額は，原則として，その減価償却資産を取得し事業の用に供するまでに要した一切の費用の額の合計額である。

① 購入した場合……………………購入代金，引取運賃，保険料，手数料，関税など
② 自社製造の場合………………材料費，人件費，経費など
③ 生物などの場合………………購入代金，種付費，種苗費，育成費など
④ その他，交換，贈与…………時価

また，改良等の資本的支出は固定資産の取得価額に加えることになる。

資本的支出とは，その支出により固定資産の価値を高めるもの，また使用可能期限を延長させるものをいう。

資本的支出の判定チャート

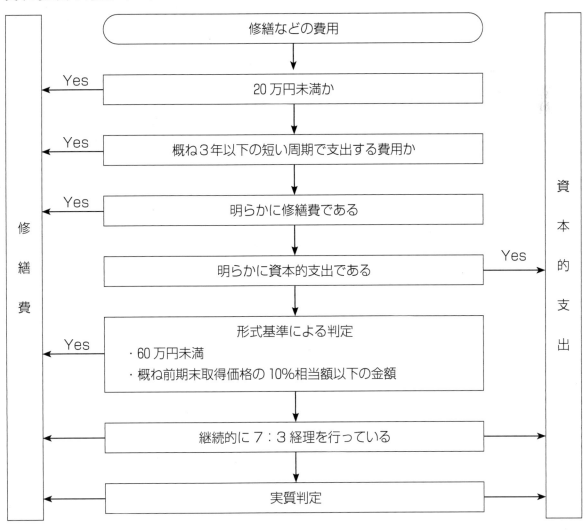

【資本的支出の例示（あきらかに資本的支出となる場合）】
⑴　建物の避難階段の取付等物理的に付加した部分に係る費用の額
⑵　用途変更のための模様替え等改造又は改装に直接要した費用の額
⑶　機械の部分品を特に品質又は性能の高いものに取り替えた場合のその取替えに要した費用の額のうち通常の取替えの場合にその取替えに要すると認められる費用の額を超える部分の金額

【修繕費の例示（あきらかに修繕費となる場合）】
⑴　建物の移えい又は解体移築をした場合（移えい又は解体移築を予定して取得した建物についてした場合を除く。）におけるその移えい又は移築に要した費用の額。ただし，解体移築にあっては，旧資材の70％以上がその性質上再使用できる場合であって，当該旧資材をそのまま利用して従前の建物と同一の規模及び構造の建物を再建築するものに限る。
⑵　機械装置の移設に要した費用（解体費を含む。）の額
⑶　地盤沈下した土地を沈下前の状態に回復するために行う地盛りに要した費用の額。ただし，次に掲げる場合のその地盛りに要した費用の額を除く。
　　㋑　土地の取得後直ちに地盛りを行った場合
　　㋺　土地の利用目的の変更その他土地の効用を著しく増加するための地盛りを行った場合
　　㋩　地盤沈下により評価損を計上した土地について地盛りを行った場合
⑷　建物，機械装置等が地盤沈下により海水等の浸害を受けることとなったために行う床上げ，地上げ又は移設に要した費用の額。ただし，その床上工事等が従来の床面の構造，材質等を改良するものである等明らかに改良工事であると認められる場合のその改良部分に対応する金額を除く。
⑸　現に使用している土地の水はけを良くする等のために行う砂利，砕石等の敷設に要した費用の額及び砂利道又は砂利路面に砂利，砕石等を補充するために要した費用の額

【形式基準による判定】
　一の修理，改良等のために要した費用の額のうちに資本的支出であるか修繕費であるかが明らかでない金額がある場合において，その金額が次のいずれかに該当するときは，修繕費として損金経理をすることができる。
⑴　その金額が60万円に満たない場合
⑵　その金額がその修理，改良等に係る固定資産の前期末における取得価額のおおむね10％相当額以下である場合

【資本的支出と修繕費の特例（継続的7:3経理）】
　一の修理，改良等のために要した費用の額のうちに資本的支出であるか修繕費であるかが明らかでない金額（少額または短期的な費用や形式基準により判定可能な費用を除く。）がある場合において，法人が，継続してその金額の30％相当額とその修理，改良等をした固定資産の前期末における取得価額の10％相当額とのいずれか少ない金額を修繕費とし，残額を資本的支出とする経理をしているときは，これを認める。

## 3 減価償却費の損金算入の条件

　減価償却資産の償却費は損金経理を要件として損金に算入する。ただし，法人税法の規定に従って計算した償却限度額を上限とする。

# 4 償却限度額の計算

　減価償却資産の償却限度額を計算するに当たっては，以下に掲げる資産ごと（建物，建物附属設備，構築物，機械及び装置，船舶，航空機，車両運搬具，工具・器具・備品についてはその種類等ごと）に償却の方法を選定しなければならない。この場合において二以上の事業所又は船舶を有する法人は，事業所等の異なるごとに選定できる。

(1)　償却方法の種類
　①　有形減価償却資産
　　(イ)　平成10年４月１日以後に取得した建物………定額法
　　(ロ)　平成28年４月１日以後に取得した建物附属設備及び構築物………定額法
　　(ハ)　(イ)及び(ロ)以外の有形減価償却資産………定額法又は定率法
　②　鉱業用減価償却資産（鉱業権を除く）
　　(イ)　平成28年４月１日以後に取得した鉱業用の建物，建物附属設備及び構築物………定額法又は生産高比例法
　　(ロ)　(イ)以外の鉱業用減価償却資産………定額法，定率法，生産高比例法のいずれか
　③　無形減価償却資産（鉱業権を除く）及び生物………定額法
　④　鉱業権………定額法又は生産高比例法

(2)　法定償却方法
　　法人は，減価償却の方法のうちいずれかを選定して，確定申告書の提出期限までに，税務署長に届出をしなければならない。
　　法人が，償却方法を税務署長に選定届出を行わなかった場合には，それぞれ次の償却方法によることになる。これを**「法定償却方法」**という。
　　鉱業用以外の有形減価償却資産（建物，平成28年４月１日以後に取得した建物附属設備及び構築物を除く）……………………………………定率法又は旧定率法
　　鉱業用の有形減価償却資産及び鉱業権…………生産高比例法又は旧生産高比例法
　　※平成10年３月31日以前に取得した建物の法定償却方法は，旧定率法となる。

(3)　耐用年数
　①　税法上の耐用年数
　　減価償却資産の耐用年数は「減価償却資産の耐用年数に関する省令」で細かく定められているので，法人はその省令の定めによる耐用年数（法定耐用年数）を適用する。
　②　中古資産の耐用年数
　　中古資産を購入した場合は購入後どれくらいの年数使用できるかを見積ることを原則とするが，この見積りがむずかしい場合は，次の簡便法により算定した年数を見積耐用年数とする。

> ①　法定耐用年数の全部を経過しているもの……法定耐用年数×20%
> ②　法定耐用年数の一部を経過しているもの……
> （法定耐用年数－経過年数）＋経過年数×20%
> （１年未満切捨，最低２年）

(4)　償却率
　　耐用年数に応じた償却率は，耐用年数省令別表第十という表に定額法，定率法それぞれに応じたものが載っている（旧定額法，旧定率法については，耐用年数省令別表第九に掲載）。
　　なお，平成24年４月１日以後に取得する固定資産の定率法の償却率については，定額法の償却率 $\left(\dfrac{1}{耐用年数}\right)$ を2.0倍した「200%定率法」が適用され，平成19年４月１日以降，平成24年３

月 31 日までに事業の用に供された固定資産については，定額法の償却率$\left(\dfrac{1}{\text{耐用年数}}\right)$を2.5倍した「250%定率法」が適用される。

　　ただし，平成24年4月1日前に開始し，かつ同日以降に終了する事業年度において，4月1日からその事業年度終了の日までに取得した固定資産については，平成24年4月1日前の償却率（250%定率法）を選択することもできる。

⑸　残存価額及び償却可能限度額

　①　平成19年3月31日以前取得

　　㈶　残存価額

　　　㋑　有形減価償却資産（抗道を除く。）……………………取得価額の10%

　　　㋺　無形減価償却資産及び抗道 …………………………………… 0

　　　㋩　生　　物………………………………………………細目に応じ50%～5%

　　㈼　償却可能限度額

　　　　減価償却資産をその法定耐用年数を超えて事業の用に供している場合，いいかえると帳簿価額が上述の残存価額に達しても，事業の用に供している場合には，次に示す金額相当額まで減価償却をすることができる。

　　　　なお償却可能限度額に達した場合には，備忘価額1円を除き，翌事業年度以後5年間で均等償却を行なう。

　　　㋑　有形減価償却資産（抗道を除く。）…………………取得価額の95%相当額

　　　㋺　無形減価償却資産及び抗道…………………………取得価額相当額

　　　㋩　生　　物…………取得価額から前期⑸の①の残存価額を控除した金額相当額

　②　平成19年4月1日以後取得

　　　平成19年4月1日以後に取得する減価償却資産については，耐用年数経過時点に1円（備忘価額）まで償却できる。

⑹　償却限度額

　①　償却限度額の計算

　　イ．定額法

　　　a．平成19年3月31日以前取得

　　　　　（取得価額－残存価額）×旧定額法償却率

　　　　　　又は，取得価額×0.9×旧定額法償却率

　　　b．平成19年4月1日以後取得

　　　　　取得価額×定額法償却率

　　ロ．定率法

　　　a．平成19年3月31日以前取得

　　　　　税務上の未償却残額×旧定率法償却率

　　　b．平成19年4月1日以後取得

　　　　　税務上の未償却残額×定率法償却率（平成24年4月1日前後で償却率が異なる。）

　　　ただし，上記の金額が償却保証額に満たなくなった年分以後は次の算式による。

　　　改定取得価額×改定償却率

> **(注)**　償却保証額とは，資産の取得価額に当該資産の耐用年数に応じた保証率を乗じて計算した金額をいう。改定取得価額とは，調整前償却額が初めて償却保証額に満たないこととなる年の期首未償却残高をいう。改定償却率とは，改定取得価額に対しその償却費の額がその後同一となるように当該資産の耐用年数に応じた償却率をいう。

　②　償却限度額の計算単位

　　減価償却資産の種類の区分ごとに，かつ，耐用年数及び償却の方法の異なるごとに一計算単位として計算する。この場合，種類の区分は，その種類について構造又は用途，細目，設備の種類が定められているものについては，その区分（事業所ごとに異なる償却方法を選定しているときは，事業所ごとのこれらの区分）とする。

③　事業年度の中途において事業の用に供した場合

$$その事業年度の償却限度額 \times \frac{事業の用に供した日から期末までの月数（1月未満切上げ）}{その事業年度の月数} = 償却限度額$$

④　事業年度の中途で資本的支出があった場合

　　その資本的支出の金額を原則独立の資産として，本体とは別に償却限度額を計算する。

　　なお，中古資産を取得し，それを事業の用に供するために支出した改良費等の金額がある場合に，その費用の額が資本的支出に該当する場合には，その中古資産の取得価額に算入され減価償却計算の対象となる。また，その事業の用に供するために支出した資本的支出の額が，その中古資産の取得価額の50%相当額を超え，かつ，その中古資産の再調達価額（新品で購入した場合の価額）の50%相当額以下である場合には，次の計算式にて残存耐用年数を見積もることが認められている。

$$\frac{中古資産の取得価額＋資本的支出の金額}{A＋B}$$

　　A…中古資産の取得価額÷その中古資産について簡便法により算定した残存耐用年数
　　B…資本的支出の金額÷その中古資産に係る法定耐用年数

⑤　繰越償却超過額がある場合

　　減価償却資産に前期から繰越された償却超過額がある場合には，その減価償却資産の法人税法上の帳簿価額は，法人が計算した会計上の帳簿価額にその繰越償却超過額を加算した価額である。したがって，その減価償却資産の償却計算を定率法で行うときの償却限度額は，次の算式により計算することとなる。

　　　　（会計上期首帳簿価額＋繰越償却超過額）×定率法償却率＝償却限度額

⑥　償却不足額が生じた場合

　　法人が計上した償却費の額が償却限度額に満たないときのその償却不足額は，特別償却の場合を除き，考慮されない。したがって，償却不足額が生じている減価償却資産は，法定の耐用年数を超えて減価償却をすることになる。

　　なお，償却不足額が生じた減価償却資産についてその事業年度前から繰越された償却超過額があるときは，その償却超過額のうち償却不足額に達するまでの金額は，減価償却超過額認容として，所得の金額の計算上，損金の額に算入される。

(7)　償却方法の変更

　　減価償却資産につき選定した償却の方法を変更しようとするときは，その新たな償却方法を採用しようとする事業年度開始の日の前日までに，一定の事項を記載した申請書を納税地の所轄税務署長に提出し，その承認を受けなければならない。

**例題**

次の資料に基づき甲株式会社の当期（自令和6年4月1日　至令和7年3月31日）において調整すべき金額を計算しなさい。

＜資料＞

1．当期における減価償却資産及び償却の明細は以下の通りである。

| 種類等 | 取得価額 | 当期償却費 | 期末帳簿価額 | 法定耐用年数 | 償却方法 | (注) |
|---|---|---|---|---|---|---|
| 倉庫用建物 | 40,000,000円 | 2,200,000円 | 37,800,000円 | 38年 | 定額法 | 1 |
| 車輌 | 2,500,000円 | 289,144円 | 310,857円 | 6年 | 定率法 | 2 |
| 備品A | 1,680,000円 | 170,000円 | 295,118円 | 8年 | 定率法 | 3 |
| 備品B | 1,170,000円 | 146,250円 | 1,023,750円 | 6年 | 定率法 | 4 |

**(注1)** 倉庫用建物は，令和6年11月20日に既に8年10か月を経過した中古建物を40,000,000円で購入したもので，事業に供するに当たり，用途変更のための改装費用23,000,000円を支出して損金経理している。
なお，この建物を建築するとすれば58,000,000円を要すると認められ，残存使用可能期間を見積もることは困難である。

**(注2)** 車輌は令和3年6月13日に取得し事業の用に供したものであるが，繰越償却超過額122,861円がある。

**(注3)** 備品Aは令和元年10月28日に取得し，事業の用に供したものであり，前期までは調整前償却額により計算している。

**(注4)** 備品Bは令和6年6月24日に取得し，事業の用に供したものである。

2．減価償却資産の耐用年数に応ずる償却率等は，次のとおりである。

(1) 平成19年4月1日以後平成24年3月31日以前に取得された減価償却資産の定率法償却率，改定償却率及び保証率

| 耐用年数 | 6年 | 8年 | 30年 | 32年 | 38年 |
|---|---|---|---|---|---|
| 償却率 | 0.417 | 0.313 | 0.083 | 0.078 | 0.066 |
| 改定償却率 | 0.500 | 0.334 | 0.084 | 0.084 | 0.067 |
| 保証率 | 0.05776 | 0.05111 | 0.01766 | 0.01655 | 0.01393 |

(2) 平成24年4月1日以後に取得された減価償却資産の償却率，改定償却率及び保証率

| 耐用年数 | | 6年 | 8年 | 30年 | 32年 | 38年 |
|---|---|---|---|---|---|---|
| 定額償却率 | | 0.167 | 0.125 | 0.034 | 0.032 | 0.027 |
| 定率法 | 償却率 | 0.333 | 0.250 | 0.067 | 0.063 | 0.053 |
| | 改定償却率 | 0.334 | 0.334 | 0.072 | 0.067 | 0.056 |
| | 保証率 | 0.09911 | 0.07909 | 0.02366 | 0.02216 | 0.01882 |

## 1．倉庫用建物

(1) 耐用年数

$40,000,000$円 × 50% = $20,000,000$円 ＜ $23,000,000$円 ≦ $58,000,000$円 × 50% = $29,000,000$円

∴ $(40,000,000$円 $+ 23,000,000$円$) ÷ \left( \dfrac{40,000,000円}{30年（注）} + \dfrac{23,000,000円}{38年} \right)$

　　= 32.497… ⇒ 32年（1年未満切捨て）

（注）38年は456月，8年10月は106月

∴ $(456$月 $- 106$月$) + 106$月 × 20% = 371.2月 → 30年（1年未満切捨て）

(2) 償却限度額

$(40,000,000$円 $+ 23,000,000$円$) × 0.032 × \dfrac{5}{12} = 840,000$円

(3) 償却超過額

$(2,200,000円 + 23,000,000円) - 840,000円 = 24,360,000円$

## ２．車輌

(1) 償却限度額

$(310,857円 + 289,144円 + 122,861円) × 0.333 = 240,713円$

〔解説〕 繰越償却超過額を期首帳簿価額に加算することで，税務上の期首帳簿価額を算出している。

(2) 判定

$2,500,000円 × 0.09911 = 247,775円 ＞ 240,713円$　∴　改定償却率により計算する。

(3) 改定償却率による償却限度額

$(310,857円 + 289,144円 + 122,861円) × 0.334 = 241,435円$

(4) 償却限度超過額

$289,144円 - 241,435円 = 47,709円$

## ３．備品Ａ

(1) 償却限度額

① 調整前償却額

$(295,118円 + 170,000円) × 0.250 = 116,279円$

② 償却保証額

$1,680,000円 × 0.07909 = 132,871円$

③ ①＜② ∴ 改定償却率により計算する。

④ 改定償却率による償却限度額

$(295,118円+170,000円) × 0.334 = 155,349円$

(2) 償却超過額

$170,000円 - 155,349円 = 14,651円$

## ４．備品Ｂ

(1) 償却限度額

$1,170,000円 × 0.333 × \dfrac{10}{12} = 324,675円$

(2) 償却超過額

$146,250円 - 324,675円 = △178,425円 ＜ 0円$　∴償却超過額無し

---

## 5 特別償却，割増償却

　４で述べてきた償却を一般には普通償却と呼んでいるが，税法では，その他に，国の政策に合わせ，特別に通常より多くの減価償却費を計上することを認めている。これが特別償却，割増償却と呼ばれるもので，その代表的なものは次のとおりである。

(1) 中小企業者の機械等の特別償却

　青色申告書を提出する中小企業者等が平成10年6月1日から令和7年3月31日までの期間（以下「指定期間」という。）内に新品の機械装置等を取得し，指定事業の用に供した場合に，その指定事業の用に供した日を含む事業年度において，普通償却額に上乗せして特別償却または税額控除を受けることができる。

(注) 所有権移転外リース取引により賃借人が取得したものとされる資産については，特別償却の規定は適用されないが，税額控除の規定は適用される。

(2) 償却限度額

　　基準取得価額の 30%相当額

(3) 適用対象資産

　　特別控除参照

---

**（参考）** 機械装置等が特定経営力向上設備等に該当する場合

中小企業等経営強化法の経営力向上計画の認定を受けた中小企業者などが，平成 29 年 4 月 1 日から令和 7 年 3 月 31 日までの期間内に，生産等設備を構成する機械および装置，工具，器具および備品，建物附属設備ならびに特定のソフトウェアで中小企業等経営強化法の経営力向上設備等に該当するもののうち一定の規模のものの取得等をして，国内の対象事業の用に供した場合には，その事業の用に供した事業年度において，即時償却または 7%（特定の中小企業者などについては 10%）の税額控除を受けることができる。

---

# 6 リース取引

　　法人税法上のリース取引は，ファイナンス・リースとオペレーティングリース取引に区分される。

(1) ファイナンス・リース取引

　　法人税法上のファイナンス・リース取引は，実質的に解約ができず，資産の賃借人がその資産の使用によって発生する費用を実質的に負担（フルペイアウト）しなければならない取引をいい，以下の条件を満たすものが「所有権移転ファイナンス・リース取引」に該当し，それ以外の取引は「所有権移転外ファイナンス・リース取引」か「実質的な金融取引（セールアンドリースバック取引）」に該当する。また，取引形態の違いは，賃借人の減価償却方法など，税務処理に違いがある。

【所有権移転ファイナンス・リース取引に該当する条件】

・リース終了時または中途に，その資産の所有権が無償か名目的な対価よって譲渡されるもの

・リース終了時または中途に，著しく割安な価額で購入できる権利が付与されるリース

・特別仕様など，賃借人のみによって使用されるもの

・リース目的資産の識別が困難なもの

・リース期間が，その資産を購入した場合の法定耐用年数と比較して著しく短いケース

(2) オペレーティングリース取引（上記以外の取引）

(3) 賃借人の税務処理

① 所有権移転ファイナンス・リース

　　通常の減価償却と同様の処理

② 所有権移転外ファイナンス・リース

　　リース期間定額法

　　・残存価額　0 円（残価保証額がある場合にはその額）

　　・リース契約期間によって定額法により減価償却する

　　　ただし，一定のリース取引については賃借処理によることも可能である。

$$（リース資産の取得価額－残価保証額）\times \frac{その事業年度におけるリース期間の月数}{リース期間の月数}$$

---

**（注）** 月数に 1 月未満の端数があるときは、1 月未満切上げ

---

③ 金融取引とされる場合（セールアンドリースバック取引）

　　賃借人が所有している資産を賃貸人に売却し，さらに賃借人は売却した資産をリース資産として引き続き使用した上で，リース料を支払うセールアンドリースバック取引は，その実態が資金の借入と考えられるため，以下の取扱いとなる。

・売却損益は，それぞれ益金または損金の額には算入されない

・売却対価は借入金とされる。

・売却資産は引き続き減価償却の対象となる。

・リース料は借入金の返済として扱われる。

(4)　特別償却や圧縮記帳の適用について

　①　所有権移転ファイナンス・リース取引………適用あり

　②　所有権移転外ファイナンス・リース取引……適用なし（特別控除の適用あり）

# 第 **7** 章　繰延資産の償却

## 1　繰延資産

　繰延資産とは，会社が支出した費用のうち，その支出の効果が将来1年以上に及ぶもの（固定資産購入の支出，前払費用に該当するものを除く。）であり，次の(1)，(2)に掲げるものが税務上認められている。
- (1)　会計上の繰延資産（任意償却）
　　① 創立費，② 開業費，③ 開発費，④ 株式交付費，⑤ 社債等発行費
- (2)　税法独自の繰延資産
　　①　公共的施設の負担金に該当する費用
　　②　共同的施設の負担金に該当する費用
　　③　建物を賃借するための権利金等に該当する費用
　　④　広告宣伝用資産を贈与した費用に該当する費用
　　⑤　その他自己が便益を受けるための費用
- (3)　少額な繰延資産の損金算入
　　費用の性質から繰延資産（(1)を除く）として計上すべき費用でも，その金額が20万円未満であるものについては，支出時に損金経理を要件として，一時に損金算入することが認められている。

## 2　償却費の損金算入額

　税法上，繰延資産の償却費の損金算入は損金経理を条件とする。従って，減価償却資産の減価償却と同様，申告調整において初めて償却費を計上することは認められない。
　また，繰延資産として計上すべき支出金額を資産計上せず全額損金経理しているときは，その金額は，「償却費として損金経理をした金額」に含まれる。
　損金に算入される額は，損金経理した金額のうち税法で定める償却限度額に達するまでの金額である。

## 3　償却限度額

　償却限度額は，次の区分に応じそれぞれに掲げる金額とする。
- (1)　会社法上の繰延資産
　　会社法上の繰延資産については，その繰延資産の金額以内で会社が損金経理した金額が償却限度額となる。すなわち，任意償却することが認められる。

(2)　その他の繰延資産

　　(1)以外のものについては，その繰延資産の額を支出の効果の及ぶ期間（当該期間については税法において定めがある。）月数で除し，これにその事業年度の月数を，また支出年度については支出日から期末までの月数を乗じて計算した金額が償却限度額となる。この場合，月数に 1 月未満の端数があるときは，これを 1 月とする。

$$\text{当期の償却限度額} = \frac{\text{当期に含まれる償却期間の月数}}{\text{支出の効果の及ぶ期間（償却期間）の月数}}$$

(3)　税法独自の繰延資産の主な耐用年数

| 項目 | 区分 | 支出の効果の及ぶ期間 |
|---|---|---|
| 公共的施設の負担金 | 負担者専用 | その施設の耐用年数の $\frac{7}{10}$ 相当年数 |
| | 上記以外 | 同上の $\frac{4}{10}$ 相当年数 |
| 共同的施設の負担金 | 負担者専用 | その施設の耐用年数の $\frac{7}{10}$ 相当年数 |
| | 上記以外<br>（共同アーケードの設置費用など） | 5年を上限として，その施設の耐用年数 |
| 建物を賃借するための権利金等 | 賃借する建物の権利金等 | その建物の耐用年数の $\frac{7}{10}$ 相当年数 |
| | その他のもの | 5年を上限として，その賃貸期間 |
| ノーハウの設定頭金等 | | 5年を上限として，有効期限 |
| 広告用宣伝資産を贈与するための費用 | | 5年を上限として，その資産の耐用年数の $\frac{7}{10}$ 相当年数 |
| 同業者団体等の加入金 | | 5年　※通常会費を除く |

　　※ 1 年未満の端数は切捨て処理

---

**例題**

次の資料に基づき甲株式会社の当期（自令和 6 年 4 月 1 日　至令和 7 年 3 月31日）において調整すべき金額を計算しなさい。

＜資料＞

　当期の10月23日に同業者団体（社交団体ではない。）に加入し，加入金900,000円と通常会費250,000円（税務上適正額）を支出し全額を当期の費用に計上している。

(1)　償却限度額

$$900,000円 \times \frac{6}{5年 \times 12} = 90,000円$$

(2)　償却限度超過額

$$900,000円 － (1) = 810,000円$$

## 第 8 章

役員の報酬，賞与，退職給与

## 1 役員の範囲

　使用人に対する給料，賞与，退職給与は，使用人と会社との雇用関係に基づき支給されるものであり，その支給額は原則として損金の額に算入される。これに対し役員に対する報酬，賞与，退職給与は，役員と会社との委任関係により支払われるものであり，使用人に支払う給与等とは，異なった扱いとなっている。

　従って，その人が役員であるか使用人であるかの判定については注意を要する。

(1)　税務上の役員

①　会社法上の役員……法人の議決機関において選任される取締役，執行役，会計参与，監査役，理事，監事及び清算人をいう。

②　使用人以外の者で会社の経営に従事している人……職制上使用人としての地位を有しない者で実質的に法人の経営に従事している次のような人。

　イ　取締役でない会長，副会長その他にこれらの準ずるもの

　ロ　合名，合資会社の業務執行社員

　ハ　人格のない社団等の代表者又は管理人

　ニ　法定役員ではないが，定款等における役員

　ホ　相談役，顧問その他これらに類する者で，実質的に法人の経営に従事していると認められるもの

> **(注)**「経営に従事している」とは，業務運営上の重要方針を決定するような枢機に参画していることをいう。

③　同族会社のみなし役員

　　同族会社の使用人のうち，次の要件を満たす者で，その法人の経営に従事している者

　イ　50％超基準

　　　その使用人が属している株主グループ（本人の他親族等も含まれる，以下同様）が，最大3グループまでの所有割合等の多い株主グループから順にした場合に，所有割合が50％超になるまでの株主グループに属していること

　ロ　10％超基準

　　　その使用人が属している株主グループの所有割合等が10％超であること

　ハ　5％超基準

　　　その使用人及び配偶者と，これらの者が所有する所有権割合等が50％を超える他の会社の所有割合等の合計が5％を超えていること

(2)　使用人兼務役員

　　会社では，役員であると同時に部長，課長，支店長，工場長といった使用人としての職制上の地位を有し，常時使用人としての職務に従事している者を，税法では使用人兼務役員と呼ぶ。この使用人兼務役員に対する報酬等のうち使用人給与として支給した分については，他の使用人に対する給与と同様に扱い，役員としての職務に対する給与は役員給与として扱われる。

　　ただし，次に掲げる役員は，使用人兼務役員とは認められない。（支給する給与の全額を役員給与として取扱う。）

① 社長，副社長，肩書のある取締役，代表執行役，理事長，清算人など
② 合名，合資会社及び合同会社の業務執行社員
③ 監査役及び監事
④ 同族会社の役員のうち，上記(1)③(イ)(ロ)(ハ)の要件中にある，「使用人」を「役員」と読み替えた場合に，すべての要件を満たすその役員

## 2 役員給与

(1) 役員給与

役員給与とは，役員報酬，役員賞与，退職慰労金等をいい，金銭によるもののほか債務の免除，新株予約権（ストック・オプション）の付与等の経済的利益を含む。

(2) 退職給与以外の給与の取り扱い

① 損金の対象となる給与

役員給与のうち退職給与以外の給与（新株予約権及び使用人兼務役員の使用人分給与を除く。）について，次のいずれかに該当する給与は，原則として，損金の額に算入される。

イ．定期同額給与

支給時期が1か月以下の一定期間ごとであり，かつ，その事業年度内の各支給時期における支給額が同額（源泉所得税及び社会保険料を控除後の金額が同額である場合を含む）である給与その他これに準ずるものとして一定の給与をいう。

ロ．事前確定届出給与

所定の時期に確定額を支給する旨の定めに基づいて支給する給与で一定の時期までに所轄税務署長にその定めの内容に関する届出をしている給与をいい，「イ．定期同額給与」及び「ハ．業績連動給与」を除く。

ハ．業績連動給与

同族会社に該当しない法人が，業務執行役員に対して支給する一定の業績を示す指標を基礎として算定される給与をいう。

なお，その支給額を損金経理するなど所定の要件を満たす業績連動給与を他の業務執行役員のすべてに対して支給する場合に限られる。

② 過大な役員給与の損金不算入

役員給与の額（①に該当しない給与及び隠ぺい又は仮装経理により支給されたものを除く。）のうち，不相当に高額な部分の金額は，過大な役員給与として損金の額に算入されない。

また，使用人兼務役員の使用人としての職務に対する賞与のうち，他の使用人に対する賞与の支給時期と異なる時期に支給したものは，損金の額に算入されない。

③ 仮装経理等により支給する退職給与以外の役員給与の損金不算入

法人が事実を隠ぺいし又は仮装して経理することにより，役員に対して支給する給与の額は損金の額に算入されない。

(3) 役員退職給与の取り扱い

① 役員退職給与

役員に対する給与のうち，その役員の退職という事実により支払われる一切の給与をいう。

② 過大な役員退職給与の損金不算入

役員退職給与の額（隠ぺい又は仮装経理により支給されたものを除く。）のうち，不相当に高額な部分の金額は，過大な役員給与として損金の額に算入されない。

③ 仮装経理等により支給する役員退職給与の損金不算入

法人が事実を隠ぺいし又は仮装して経理することにより，役員に対して支給する退職給与の額

は損金の額に算入されない。
(4) 経済的利益

　法人が役員等に対して、金銭以外の物又は権利その他の経済的利益の供与をした場合には、その経済的利益については、原則として給与等として取り扱われる。ただし、以下のものについては、給与として問い扱わない。

① 葬祭料や香典等
② 結婚や出産等の祝金品
③ 永年勤続社の記念品等
④ 創業記念品等
⑤ 用役の提供等
⑥ 商品、製品等の値引き販売
⑦ 学資金
⑧ 金銭の無利息貸付け等
⑨ 役員や使用人全員を対象とする生命保険契約で一定のもの

## 3 使用人給与

　使用人に対して支給する給与は原則として損金の額に算入されるが，特殊関係使用人（法人の役員の親族等その法人の役員と特殊の関係のある使用人）に対する給与の額のうち，不相当に高額な部分の金額は，損金の額に算入されない。

# 第 9 章 租税公課

## 1 損金にならないもの

(1) 法人税，地方法人税，都道府県民税，市町村民税

これらの税金（以下「法人税等」という。）は所得を基にして課税されるので，利子税や特定の延滞金を除き，いかなる場合も損金には算入されない。

会社の経理で，当期確定申告による納付見積額を納税充当金（法人税等科目など）として会社利益から控除した場合には，法人税の計算において，別表四でその充当額を所得金額に加算しなければならない。

(2) 罰金，科料，過料，交通反則金

これらのものは，もともと罰則的な理由によって支払義務が生じたものであるため，これを損金として認めてしまうと，罰金等としての意味がなくなるため損金とは認められない。

〈参考〉 会社の役員又は使用人がした行為等により損害賠償金を支出した場合

① その行為等が法人の業務の遂行に関連するものであり，かつ故意又は重過失に基づかない場合………損金の額に算入できる

② ①以外の場合………原則として役員等に対する債権

(3) 附帯税など

① 国税に係る延滞税，過少申告加算税，無申告加算税，不納付加算税，重加算税，過怠税など

② 地方税に係る延滞金，過少申告加算金，無申告加算金，重加算金など

(4) 法人税額から控除される所得税額

法人が他の法人から利子，配当などの支払を受ける場合には，その金額の15.315％又は，20.42％の源泉所得税が差引かれている。

所得税（復興特別所得税を含む）を法人税の前払と考え，税額計算の際に法人税額から一定の額を控除をすることができる。そのため所得税は，損金不算入の取扱いとされる。

(5) 控除対象外国法人税額

税額控除の対象となる外国法人税の額は，税額計算の際に法人税額から一定の額を控除することができる。そのため，当該金額は，損金不算入の対象となる。

> **(注1)** 法人税額から控除することができない所得税や外国税額は，損金の額に算入することができる。
> **(注2)** 損金にならない租税公課等について，還付を受けた場合には，益金の額に算入されない。ただし，還付加算金については，益金の額に算入される。

## 2 損金になるもの

(1) 事 業 税

前事業年度分に対する事業税は，会社が費用計上していなくても税務上は当期の損金になる。従って，前期分の事業税の納付の際に損金として処理をせず（納税充当金）×××（現金）×××という処理をした場合は，別表四で「納税充当金から支出した事業税等の金額」として所得から減算する。

当期分の利益に対する事業税は原則として当期の損金にすることはできないが，中間申告分の事業税は，その中間申告書が提出された日の属する年度の損金とすることができる。

(2) 利子税など

　　法人税の確定申告期限の延長や延納が認められる期間の利子税，また地方税の延滞金のうち，住民税，事業税の徴収猶予や納期限の延長の期間に係るものは損金に算入することができる。

(3) その他の税金の損金算入時期

　① 申告納税方式による租税（消費税等*，酒税，入場税など）……原則としてその納税申告書が提出された日の属する年度（* 損金経理により未払計上することを要件に，課税期間の属する事業年度中の損金の額に算入することができる。）

　② 賦課決定方式による租税（固定資産税，不動産取得税，自動車税，都市計画税等）……原則として賦課決定のあった日の属する年度

　③ 特別徴収方式による租税（軽油引取税，ゴルフ場利用税，入湯税）……原則としてその申告の日の属する年度

(4) 公　　課

　　商工会議所等の会費は損金に算入することができる。

## 3 控除対象外消費税について

　税抜経理方式を採用している場合において，その課税期間中の課税売上高が5億円超または課税売上割合が95％未満である場合には，その課税期間の仕入控除税額は，課税仕入れ等に対する消費税額等の全額ではなく，課税売上げに対応する部分の金額のみ控除される。そのため，控除されない消費税額等については，原則として費用の額に計上することとなるが，法人税法では，その損金の額に算入するための方法について，別途取り扱いを定めている。

(1) 費用に係る控除対象外消費税額等

　　交際費等に係るものを除き，原則として損金の額に算入

> （参考）交際費等に係るものは，支出交際費等の額に含めた上で，交際費等の損金不算入額の計算をする。

(2) 資産等に係る控除対象外消費税額等

　　損金経理を要件として，下記の取扱いとなる。

　① 課税売上割合が80％以上の場合

　損金の額に算入

　② 課税売上割合が80％未満の場合

　　(イ) 棚卸資産，一の資産に係る金額が20万円未満のもの，特定課税仕入れにかかるもの

　損金の額に算入

　　(ロ) 上記以外のもの（繰延消費税額等）

　損金算入限度額*まで損金の額に算入

　　　＊損金算入限度額

　　　① 発生事業年度

$$繰延消費税額等 \times \frac{当期の月数}{60} \times \frac{1}{2}$$

　　　② $$繰延消費税額等 \times \frac{当期の月数}{60}$$

# 第10章 寄附金

## 1 寄附金の損金算入限度

(1) 考え方

　一般に寄附とは，相手からの見返りの期待をしない金品の贈与行為をいうが，法人税法での寄附金は，寄附金・拠出金・見舞金等の名称のいかんにかかわらず，法人が金銭その他の資産又は経済的な利益の贈与又は無償の供与をしたことをいう。利潤追求が目的である企業にとって，寄附は全く無目的，不必要な支出であるとはいえない。寄附金も一応は損金となるが，損金の額に算入する金額に一定の限度を設けている。

(2) 損金算入

① 指定寄附金等

　指定寄附金等とは，国や都道府県・市町村に対する寄附金，公益社団法人，公益財団法人その他公益を目的とする事業を行う法人等に対する寄附金で財務大臣が指定したものであるが，①の限度額とは別に，全額を損金に算入できる。

② 特定公益増進法人及び認定特定非活動法人（認定 NPO 法人）に対する寄附金

　次に掲げる法人に対する寄附金は，一般寄附金の損金算入限度額と別枠で限度（特定公益増進法人に対する寄附金の支出額を限度(3)(ロ)を参照）額を計算し，その限度額まで損金となる。また，認定特定非営利活動法人に対する寄附金についても同様となる。

イ　理化学研究所，日本原子力研究所，日本学術振興会，日本赤十字社など

ロ　民法上の公益法人のうち，次のようなことを主たる目的としている法人

　(a)　科学技術に関する試験研究

　(b)　学術に関する研究

　(c)　青少年に対する健全な社会教育など

ハ　私立学校又は専修学校

ニ　社会福祉法人など

③ 一般の寄附金

　①，②以外の一般の寄附金については，(3)(イ)の計算による損金算入限度額まで損金とすることができる。

⑶　損金算入限度額

┌─────────────────────────────────────────────────────────┐
(イ)．一般寄附金

　ⅰ　資 本 基 準 額　　期末資本金等の額 $\times \dfrac{\text{事業年度の月数}}{12} \times \dfrac{2.5}{1,000}$

　ⅱ　所 得 基 準 額　　寄附金支出前の所得金額（別表四の「仮計」＋寄附金の額）$\times \dfrac{2.5}{100}$

　ⅲ　損金算入限度額　　$(\text{ⅰ}+\text{ⅱ}) \times \dfrac{1}{4}$

(ロ)．特定公益法人，認定NPO法人に対する寄附金

　ⅰ　資 本 基 準 額　　期末資本金等の額 $\times \dfrac{\text{事業年度の月数}}{12} \times \dfrac{3.75}{1,000}$

　ⅱ　所 得 基 準 額　　寄附金支出前の所得金額（別表四の「仮計」＋寄附金の額）$\times \dfrac{6.25}{100}$

　ⅲ　損金算入限度額　　$(\text{ⅰ}+\text{ⅱ}) \times \dfrac{1}{2}$

　　　　　　　　　　　　特定公益法人等に支出した寄附金の額を限度とする

(ハ)．寄附金の損金不算入額

　　寄附金の額－（指定寄附金等＋(イ)の損金算入限度額＋(ロ)の損金算入限度額）
└─────────────────────────────────────────────────────────┘

## 2　寄附金の範囲

　寄附金の対象となるものは，その事業年度に実際に支出しているものに限られるので，未払金等として計上したものは実際に支払の行われた年度で限度計算の対象になるため，未払計上額を加算調整する。

　また仮払金等に計上した寄附金が，その期に支出したものである場合には，その仮払計上額を減算調整しそれを含めて限度額の計算を行う。

---

**例題**

次の資料に基づき甲株式会社（以下「甲社」という。）の当期（自令和6年4月1日　至令和7年3月31日）において調整すべき金額を計算しなさい。

＜資料＞

(1) 当期の費用に計上した寄附金の総額は4,550,000円であり，その内訳は次のとおりである。

　　① 同業者に対する寄附金　　　　　　2,750,000円

　　② 特定公益増進法人に対する寄附金　1,200,000円

　　③ 国，地方公共団体に対する寄附金　　600,000円

(2) 甲社の当期末における資本金等の額は30,000,000円である。

(3) 法人税別表四における仮計の金額65,391,750円

---

(1) 支出寄附金の額

　① 指定寄附金等　　　　　　　　　　　　　600,000円

　② 特定公益増進法人等に対する寄附金　1,200,000円

　③ その他の寄附金　　　　　　　　　　　2,750,000円

　④ 合　計

　　　（① ＋ ② ＋ ③）＝ 4,550,000円

(2) 寄附金支出前所得金額

　　65,391,750円 ＋ 4,550,000円 ＝ 69,941,750円

(3) 損金算入限度額

　① 資本基準額

$$30,000,000円 \times \frac{12}{12} \times (\frac{2.5}{1,000}) = 75,000円$$

　② 所得基準額

$$69,941,750円 \times (\frac{2.5}{100}) = 1,748,543円$$

　③ 損金算入限度額

$$(75,000円 + 1,748,543円) \times \frac{1}{4} = 455,885円$$

(4) 特別損金算入限度額

　① 資本基準額

$$30,000,000円 \times \frac{12}{12} \times (\frac{3.75}{1,000}) = 112,500円$$

　② 所得基準額

$$69,941,750円 \times (\frac{6.25}{100}) = 4,371,359円$$

　③ 損金算入限度額

$$(112,500円 + 4,371,359円) \times \frac{1}{2} = 2,241,929円$$

(5) 損金不算入額

　　4,550,000円 － 600,000円 － 1,200,000円 (＊1) － 455,885円 (＊2) ＝ 2,294,115円

　　（＊1）2,241,929円　＞　1,200,000円　∴　1,200,000円

　　（＊2）2,750,000円　＞　455,885円　∴　455,885円

# 第 **11** 章　交際費等

## 1　交際費等の損金不算入額

　法人が支出する交際費等の額（一人当たり10,000円以下の飲食費等を除く）は、原則として損金に算入されない。ただし、資本金の額等100億円以下の法人が支出する交際費等で令和9年3月31日までに開始する事業年度において支出する交際費等のうち接待飲食費の50％までについては、損金に算入される。

　なお、期末資本金額又は出資金額が1億円以下である中小法人については、令和9年3月31日までに開始する事業年度において支出する交際費等に関し、次の算式で計算した金額が損金不算入となる。

> (1)　損金算入限度額
>
> 　　定額控除限度額　⎫
> 　　　　　　　　　　⎬ いずれか多い方の金額
> 　　接待飲食費の50％　⎭
>
> (2)　損金不算入額＊
>
> 　　支出交際費等の額－損金算入限度額

＊ 原価算入交際費等及び控除対象外消費税額等がある場合には、それを含める。

　定額控除限度額は、年800万円である（支出交際費等の額が限度）。

$$800万円 \times \frac{当期の月数}{12}$$

ただし、期末資本金の額等が1億円以下である場合でも、資本金の額等が5億円以上の法人の100％子会社は、定額控除限度額の取扱いは適用されない。

## 2　交際費等の範囲

　税務上、交際費等とは、交際費、接待費、機密費その他の費用で、法人がその得意先、仕入先その他事業に関係ある者に対する接待、供応、慰安、贈答等のために支出するものである。

　従って、その会社内部のもの、役員や従業員又は株主に対する支出でも、特定の者に対し、している場合は交際費等となる。しかし、例えば、従業員全体を対象とする慰安などの費用（福利厚生費）、カレンダー、手帳等を贈るための費用、工場見学者等に自社の製品を試飲試食させる費用（広告宣伝費）、会議費は、交際費等とはならない。

　また、交際費等という名目で金銭を支出しても、その使いみちが分からないものなど（費途不明金）は損金にならない。また役員に対するもので渡切交際費に該当するものは、役員報酬又は役員賞与となる。

　交際費等の支出は、接待などがあったときに行われたと考えられるので、そういう費用を仮払金や未払金で処理していても、その接待などがあった日の年度で限度計算の対象とする。

## 3　原価算入交際費等の額の取扱い

　資産の取得価額に算入された交際費等がある場合には、その交際費等の額は、交際費等の損金不算入額の計算上、支出交際費等の額に含めて計算する。

(1)　支出事業年度（原価算入交際費等認定損の計算）

　　交際費等の損金不算入額 × $\dfrac{\text{原価算入交際費等の額}}{\text{支出交際費等の額}}$ → 別表四にて減算留保処理

(2)　翌事業年度の処理（資産の取得価額の調整）

　　上記 (1) の適用を受けた場合には、その調整した金額相当額を資産の価額から費用処理し、その上で、法人税別表四にて税務調整（加算留保）が必要となる。

---

**例題**

次の資料に基づき甲株式会社（以下「甲社」という。）の当期（自令和6年4月1日　至令和7年3月31日）において調整すべき金額を計算しなさい。

＜資料＞

(1)　当期において損金経理により計上した接待交際費勘定の内訳は次の通りである。
　①　当期において試供品の供与に要した費用の額　　　　　　　　　250,000円
　②　得意先・仕入先の役員・従業員の慶弔・禍福に要した費用の額　305,000円
　③　甲社従業員の慶弔・禍福に要した費用の額（社内規定に基づく）200,000円
　④　得意先・仕入先等に対する，中元・歳暮の贈答に要した費用　1,200,000円
　⑤　得意先を野球に招待した際に要した費用の額　　　　　　　　　350,000円
　⑥　得意先・仕入先等に対する飲食接待費用
　　　（1人あたり5,000円以下の額）　　　　　　　　　　　　　　800,000円
　⑦　得意先・仕入先等に対する飲食接待費用
　　　（1人あたり5,000円超の額）　　　　　　　　　　　　　1,854,000円
　⑧　甲社の記念式典に要したもので得意先に対する費用　　　　1,565,000円

(2)　売上割戻し勘定に，得意先を旅行に招待するために支出した金銭の額が，2,700,000円あるが，甲社は得意先を旅行に招待する際には，一旦預り金として処理し，一定額に達するまで積み立てることとしている。今回の招待に伴い前期に預り金として積み立てていた800,000円を取り崩し，あわせて支出している。なお，この積立金に関する前期の税務調整は適正に行われているものとする。

(3)　当期中において工場用地として土地を取得しているが，土地購入に際して地主を料亭で接待した飲食費用（1人あたり5,000円超のものである）で，土地の取得価額に算入したものが350,000円ある。

(4)　甲社の期末資本金の額は80,000,000円である。

---

(1)　支出交際費等の額

　①　飲食費

　　　1,854,000円 ＋ 350,000円 ＝ 2,204,000円

　　〔解説〕　土地の取得価額に算入された飲食交際費についても集計する。

　②　その他

　　　305,000円 ＋ 1,200,000円 ＋ 350,000円 ＋ 1,565,000円 ＋ 2,700,000円 ＋ 800,000円 ＝ 6,920,000円

　③　合計　① ＋ ② ＝ 9,124,000円

(2)　定額控除限度額

　　8,000,000円 × $\dfrac{12}{12}$ ＝ 8,000,000円

(3) 損金算入限度額

① 接待飲食費の50％相当額

2,204,000円 × 50％ ＝ 1,102,000円

② ① ＜ 8,000,000円（定額控除限度額）∴ 8,000,000円

(4) 損金不算入額

9,124,000円 － 8,000,000円 ＝ 1,124,000円

(5) 前期売上割戻し認容額

800,000円

(6) 土地取得価額評価減

1,124,000円 × 350,000円 ÷ 9,124,000円 ＝ 43,117円

# 第12章 貸倒損失

## 1 貸倒損失

債権の滅失損である貸倒損失は，所得の金額の計算上，損金の額に算入されるが，税法では，課税の公平という観点から，債権の貸倒れの判定を法人の判断ではなく，次に掲げる事実により判定することとしている。

(1) 債権の全部又は一部を切捨てた場合

売掛金，貸付金その他の債権（金銭債権という）について，次のような事実が生じた場合は，切捨てた分が損金として認められる。

① 会社更生計画又は民事再生計画の認可の決定

② 会社法による特別清算に係る協定の認可決定

③ 債権者集会等の協議決定

④ 債務者の債務超過の状態が相当期間継続し，その金銭債権の弁済を受けることができないと認められる場合に，その債務者に対し，書面により明らかにされた債務免除額相当額

(2) 回収不能の場合

債務者の資産状況や，支払能力等からみてその全額が回収できないと明らかになった場合（担保などをとっていればそれを処分するまでは，原則として貸倒処理は認められない。）には，損金経理を条件で損金となる。

(3) 一定期間取引停止後弁済がない場合

次のような場合に，売掛債権から備忘価額（１円以上）相当額を控除した残額に相当する金額を損金経理した場合には，その経理した金額は損金の額に算入することができる。

① 継続的取引をしていた相手との取引が停止したり，支払が途切れてから１年以上たっているとき

② 同一地域の債務者について有する売掛債権の総額が，その取立てのために要する旅費その他の費用に満たない場合において，その債務者に対し支払を督促したにも関わらず弁済がない場合

# 第13章 貸倒引当金

## 1 貸倒引当金の意義

　法人税法では，債務確定主義（債務の確定したもののみを費用とすること）の原則から，原則として将来発生する費用を見積もりで計上することはできない。そこで「別段の定め」を設けて，貸倒引当金の計上を認めている。

　法人が期末に所有する金銭債権については，将来発生する貸倒れによる損失を見込んで，損金経理により貸倒引当金を設け，毎事業年度一定の繰入額を損金の額に算入できる。なお，貸倒引当金の繰入額の損金算入は，原則として，中小法人等及び銀行，保険会社その他これらに類する法人に限定され認められるものである。

> **(注)** 中小法人とは，期末資本金又は出資金の額が1億円以下の法人をいう。

## 2 金銭債権の範囲

(1) 金銭債権となるもの

　貸倒引当金の対象となる金銭債権は，次のようなものである。

① 売掛金

② 受取手形（割引手形，裏書手形を含む）

③ 貸付金

④ その他これらに準ずるもの（未収手数料，未収地代，未収利子などの未収入金等）

(2) 金銭債権とならないもの

　次のものは金銭債権とはならないので，貸倒引当金は設定できない。

① 預貯金及びその未収利子，公社債の未収利子，未収配当など

② いずれ返してもらえる差入保証金，敷金，預け金

③ 商品などの内金，手付としての手付金，前渡金

④ いずれ精算される前払給料，仮払旅費，前渡交際費

(3) 実質的に債権とは見られないもの

　同一人に対し債権と債務がある場合には，債権又は債務のいずれか少ない金額を実質的に債権とみられないものとして金銭債権から控除する。実質的に債権と見られないものの金額は，債務者ごとに判定し，債権が債務より少ないときには，その債務者に対する金銭債権はゼロとなり，貸倒引当金の設定はできない。なお、一定の法人については、実質的に債権とは見られないものの金額を簡便法により計算することができる。(P35③(2)③参照)

## 法人税法1級　令和6年度版

### 解答用紙

株式会社英光社

1．倉庫用建物

(1) 耐用年数

_____円×__%＝_____円 ＜ _____円 ≦ _____円×__%

＝_____円

∴ (_____円+_____円) ÷ ( $\dfrac{\text{_____円}}{\text{_____年}}$ + $\dfrac{\text{_____円}}{\text{_____年}}$ )

＝_____…→__年（1年未満切捨て）

(注) 24年は____月、10年5月は____月

∴ (____月－____月) +____月×__%＝____月→__年（1年未満切捨て）

(2) 償却限度額

(_____円+_____円) ×0.___× $\dfrac{}{\text{____}}$ ＝_____円

(3) 償却超過額

(_____円+_____円) －_____円＝_____円

2．貨物車輌

(1) 償却限度額

( _円+_____円+_____円＝_____円) ×0.___＝_____円

(2) 判定

　　　　　　　　　　　　（いずれかを○で囲む）　　　　（いずれかを○で囲む）

_____円×0._____＝_____円 $\genfrac{}{}{0pt}{}{<}{>}$ _____円 ∴ 通常通りの計算／改訂償却率により計算

(3) 償却限度超過額

_____円－_____円＝_____円

3．備品

(1) 償却限度額

① 償却限度額

(_____円+_円+_____円＝_____円) ×0.___＝_____円

② 償却保証額

_____円×0._____＝_____円

（いずれかを○で囲む）　（いずれかを○で囲む）

③ ① $\genfrac{}{}{0pt}{}{<}{>}$ ② ∴ 通常通りの計算／改訂償却率により計算

④ 償却限度額

　　　　_____円×0.___＝_____円

(2) 償却超過額

　　　　_____円－_____円＝_____円


## 第2問　繰延資産

１．広告宣伝用資産を贈与した費用

　① 償却限度額

　　　　_____円×$\dfrac{月}{年×12}$＝_____円

　② 償却限度超過額

　　　　_____円－①＝_____円

２．公共的施設の設置のために支出する費用

　① _____円　＜　_____円　∴_____

　② 償却限度額

　　　　_____円×$\dfrac{月}{年×12}$＝_____円

　③ 償却限度超過額

　　　　_____円－②＝_____円

1．支出寄附金の額

① 指定寄附金等

＿＿＿＿＿円＋＿＿＿＿＿円＝＿＿＿＿＿円

② 特定公益増進法人等に対する寄附金　＿＿＿＿＿円

③ その他の寄附金

＿＿＿＿＿円＋＿＿＿＿＿円＋＿＿＿＿＿円＝＿＿＿＿＿円

④ 合計（①＋②＋③）＝＿＿＿＿＿円

2．寄附金支出前所得金額

＿＿＿＿＿円＋＿＿＿＿＿円＝＿＿＿＿＿円

3．損金算入限度額

① 資本基準額

$$\text{＿＿＿＿＿円} \times \frac{\quad}{\quad} \times \frac{\quad}{\quad} = \text{＿＿＿＿＿円}$$

② 所得基準額

$$\text{＿＿＿＿＿円} \times \frac{\quad}{\quad} = \text{＿＿＿＿＿円}$$

③ 損金算入限度額

$$(\text{＿＿＿＿＿円} + \text{＿＿＿＿＿円}) \times \frac{\quad}{\quad} = \text{＿＿＿＿＿円}$$

4．特別損金算入限度額

① 資本基準額

$$\text{＿＿＿＿＿円} \times \frac{\quad}{\quad} \times \frac{\quad}{\quad} = \text{＿＿＿＿＿円}$$

② 所得基準額

$$\text{＿＿＿＿＿円} \times \frac{\quad}{\quad} = \text{＿＿＿＿＿円}$$

③ 損金算入限度額

$$(\text{＿＿＿＿＿円} + \text{＿＿＿＿＿円}) \times \frac{\quad}{\quad} = \text{＿＿＿＿＿円}$$

5．損金不算入額

＿＿＿＿＿円－＿＿＿＿＿円－＿＿＿＿＿円(*2)－＿＿＿＿＿円＝＿＿＿＿＿円

(*2)＿＿＿＿＿円　＞　＿＿＿＿＿円　∴　＿＿＿＿＿円

1．支出交際費等の額

　① 飲食費

　　　_____円＋_____円＝_____円

　② その他

　　　_____円＋_____円＋_____円＋_____円＋_____円＋

　　　_____円＋_____円＝_____円

　③ 合計　①＋②＝_____円

2．定額控除限度額

　　　_____円× ——— ＝_____円

3．損金算入限度額

　① 飲食交際費

　　　_____円×__％＝_____円

　② ①　＜　_____円（定額控除限度額）∴　_____円

4．損金不算入額

　　　_____円－_____円＝_____円

5．前期売上割戻し認容額　_____円

6．土地取得価額評価減

　　　_____円× ———円——— ＝_____円
　　　　　　　　　　　　円

1．支出交際費等の額

　①　飲食費

　　　＿＿＿＿＿円＋＿＿＿＿＿円＝＿＿＿＿＿円

　②　その他

　　　＿＿＿＿＿円＋＿＿＿＿＿円＋＿＿＿＿＿円＋＿＿＿＿＿円＋（＿＿＿＿＿円

　　　＋＿＿＿＿＿円）＝＿＿＿＿＿円

　③　合計　①＋②＝＿＿＿＿＿円

2．定額控除限度額

　　　＿＿＿＿＿円×――＝＿＿＿＿＿円
　　　　　　　　　　　――

3．損金算入限度額

　①　飲食交際費

　　　　　　　　　　　　　　　　　（いずれかを○で囲む）

　　　（1.①＿＿＿＿＿円×＿％＝＿＿＿＿＿円）　$\genfrac{}{}{0pt}{}{<}{>}$　2.＿＿＿＿＿円

　　　∴　＿＿＿＿＿円

4．損金不算入額

　　　＿＿＿＿＿円－＿＿＿＿＿円＝＿＿＿＿＿円

5．前期売上割戻し認容額　＿＿＿＿＿円

6．土地取得価額評価減

　　　＿＿＿＿＿円×――――――円――――――＝＿＿＿＿＿円
　　　　　　　　　　　　　　　　円

問1　同族会社の判定

第1順位　＿＿＿グループ　＿＿＿株＋＿＿＿株　＝＿＿＿株

第2順位　＿＿＿グループ　＿＿＿株　　　　　　＝＿＿＿株

第3順位　＿＿＿グループ　＿＿株＋＿＿株　　　＝＿＿＿株

合　　計　　　　　　　　　　　　　　　　　　＿＿＿株

判　定　$\dfrac{＿＿＿株}{＿＿＿株}$ ＝__％ ＿＿＿ __％
（等号不等号を記入）

∴　同族会社に該当＿＿＿＿（する・しないを記入）

問2　使用人兼務役員の判定

A'　①　代表取締役、副社長等の職制上の地位を有する役員に該当＿＿＿＿（する・しないを記入）

②　持株割合の判定

（ⅰ）（＿＿＿＿＿＿＿＿＿＿＿＿＿＿）の所有割合

（＿＿グループ＋＿＿グループ＋＿＿グループ）の合計　__％ ＿＿＿ __％
（等号不等号を記入）

（ⅱ）A'の属する株主グループの所有割合

＿＿＿グループ＝$\dfrac{＿＿＿株}{＿＿＿株}$ ＝__％ ＞ __％
（等号不等号を記入）

（ⅲ）A'等の所有割合

A'＝$\dfrac{＿＿＿株}{＿＿＿株}$ ＝__％ ＿＿＿ _％
（等号不等号を記入）

③　判定

使用人兼務役員に該当＿＿＿＿（する・しないを記入）

問3　役員給与の損金不算入額の計算

(1) 対象者　A　＿＿＿＿＿円－＿＿＿＿＿円＝＿＿＿＿＿円

(2) 対象者　B　＿＿＿＿＿円－＿＿＿＿＿円＝＿＿＿＿＿円

(3) 合　計　(1)＋(2)＝＿＿＿＿＿円

１．貸倒損失認定損　＿＿＿＿＿＿＿円

２．個別評価金銭債権に係る貸倒引当金

(1) 繰入限度額

＿＿＿＿＿＿＿円－＿＿＿＿＿＿＿円－＿＿＿＿＿＿円×＿－＿＿＿＿＿＿円＝＿＿＿＿＿＿円

(2) 繰入超過額

＿＿＿＿＿＿＿円－(1)＝＿＿＿＿＿＿円

３．一括評価金銭債権に係る貸倒引当金

(1) 繰入限度額

① 期末一括評価金銭債権の額

(＿＿＿＿＿＿＿円＋＿＿＿＿＿＿円) ＋＿＿＿＿＿＿＿円＋(＿＿＿＿＿＿円－

＿＿＿＿＿＿円) ＋＿＿＿＿＿円＝＿＿＿＿＿＿円

② 実質的に債権とみられないものの額

イ．原則法

Ａ．債権の額　＿＿＿＿＿＿＿円

Ｂ．債務の額　＿＿＿＿＿＿円＋＿＿＿＿＿＿円＝＿＿＿＿＿＿円

（いずれかを○で囲む）

Ｃ．判定　Ａ $\lessgtr$ Ｂ　∴　＿＿＿＿＿＿円

ロ．簡便法

＿＿＿＿＿＿＿円×0.0＿（小数点以下３位未満切＿＿）＝＿＿＿＿＿＿円

（いずれかを○で囲む）

ハ．判定　イ $\lessgtr$ ロ　∴　　　　　　円

③ 実績繰入率

$\dfrac{A}{B}$ ＝0.＿＿＿＿＿＿…0.＿＿＿（小数点以下＿位未満切＿＿）

Ａ (＿＿＿＿＿＿円＋＿＿＿＿＿＿円＋＿＿＿＿＿＿円＝＿＿＿＿＿＿円) ×――――

―――

Ｂ (＿＿＿＿＿＿＿円＋＿＿＿＿＿＿円＋＿＿＿＿＿＿円＝＿＿＿＿＿＿＿円) ÷＿

④ 法定繰入率　＿＿＿業に該当するため 0.0＿＿

⑤　繰入限度額

　　イ．実績繰入率による繰入限度額

　　　　　＿＿＿＿＿＿＿＿円×0.＿＿＿＿＝＿＿＿＿＿＿円

　　ロ．法定繰入率による繰入限度額

　　　　　（＿＿＿＿＿＿＿円－＿＿＿＿＿＿円）×0.＿＿＝＿＿＿＿＿＿円

　　　（いずれかを○で囲む）

　　ハ．判定　イ $\substack{< \\ >}$ ロ　∴　＿＿＿＿＿＿円

(2) 繰入限度超過額

　　　　＿＿＿＿＿＿円－＿＿＿＿＿＿円＝＿＿＿＿＿円

4．貸倒引当金繰入超過額認容　＿＿＿＿＿円

1. 貸倒損失認定損 ＿＿＿＿＿＿円

2. 個別評価金銭債権に係る貸倒引当金

(1) 繰入限度額

＿＿＿＿＿＿円−＿＿＿＿＿＿円−＿＿＿＿＿＿円×＿−＿＿＿＿＿＿円＝＿＿＿＿＿＿円

(2) 繰入超過額

＿＿＿＿＿＿円−＿＿＿＿＿＿円＝ ＿＿円

3. 一括評価金銭債権に係る貸倒引当金

(1) 繰入限度額

① 期末一括評価金銭債権の額

（＿＿＿＿＿＿円＋＿＿＿＿＿＿円）＋＿＿＿＿＿＿円＋（＿＿＿＿＿＿円−

＿＿＿＿＿＿円）＋＿＿＿＿＿＿円＝＿＿＿＿＿＿円

② 実質的に債権とみられないものの額

イ．原則法

A．債権の額 ＿＿＿＿＿＿円

B．債務の額 ＿＿＿＿＿＿円＋＿＿＿＿＿＿円＝＿＿＿＿＿＿円
（いずれかを○で囲む）
C．判定　A $\lessgtr$ B　∴　＿＿＿＿＿＿円

ロ．簡便法

＿＿＿＿＿＿円×0.0＿＿ （小数点以下＿位未満切＿＿） ＝＿＿＿＿＿＿円

（いずれかを○で囲む）
ハ．判定　イ $\lessgtr$ ロ　∴　＿＿＿＿＿＿円

③ 実績繰入率

$$（＿＿＿＿＿＿円＋＿＿＿＿＿＿円＋＿＿＿＿＿＿円）×\cfrac{＿＿＿}{（＿＿＿＿＿＿円＋＿＿＿＿＿＿円＋＿＿＿＿＿＿円）÷＿}=0.＿＿＿＿$$

（小数点以下＿位未満切＿＿）

④ 法定繰入率　0.010

⑤ 繰入限度額

イ．実績繰入率による繰入限度額

   _____円×0._____＝_____円

ロ．法定繰入率による繰入限度額

   (_____円−_____円）×0.____＝_____円

（いずれかを○で囲む）

ハ．判定　イ $\lessgtr$ ロ　∴　_____円

(2) 繰入限度超過額

   _____円−_____円＝__円

4．貸倒引当金繰入超過額認容　____円

１．滅失等により支出した経費の額

$$\underline{\hspace{3cm}}円 + \underline{\hspace{3cm}}円 \times \dfrac{\underline{\hspace{2cm}}円}{\underline{\hspace{2cm}}円} = \underline{\hspace{3cm}}円$$

２．改訂保険金等の額

$$\underline{\hspace{3cm}}円 - \underline{\hspace{3cm}}円 = \underline{\hspace{3cm}}円$$

３．保険差益の額

$$\underline{\hspace{3cm}}円 - (\underline{\hspace{3cm}}円 + \underline{\hspace{3cm}}円) = \underline{\hspace{3cm}}円$$

４．圧縮限度額

$$\underline{\hspace{3cm}}円 \times \dfrac{\underline{\hspace{2.5cm}}円(*1)}{\underline{\hspace{2.5cm}}円} = \underline{\hspace{3cm}}円$$

(*1) $\underline{\hspace{3cm}}円 > \underline{\hspace{3cm}}円 \quad \therefore \quad \underline{\hspace{3cm}}円$

５．圧縮限度超過額

$$\underline{\hspace{3cm}}円 - \underline{\hspace{3cm}}円 = \underline{\hspace{2.5cm}}円$$

６．償却限度額

$$(\underline{\hspace{3cm}}円 - \underline{\hspace{3cm}}円) \times 0.\underline{\hspace{1cm}} \times \dfrac{\underline{\hspace{1.5cm}}}{\underline{\hspace{1.5cm}}} = \underline{\hspace{2.5cm}}円$$

７．減価償却超過額

$$(\underline{\hspace{2.5cm}}円 + \underline{\hspace{2.5cm}}円) - \underline{\hspace{2.5cm}}円 = \underline{\hspace{2.5cm}}円$$

1．滅失等により支出した経費の額

$$(\underline{\hspace{3cm}}円+\underline{\hspace{3cm}}円)\times\dfrac{\underline{\hspace{4cm}}円}{\underline{\hspace{2cm}}円+\underline{\hspace{2cm}}円}=\underline{\hspace{3cm}}円$$

2．改訂保険金等の額

$$\underline{\hspace{4cm}}円-\underline{\hspace{3cm}}円=\underline{\hspace{3cm}}円$$

3．保険差益の額

$$\underline{\hspace{4cm}}円-\underline{\hspace{3cm}}円=\underline{\hspace{3cm}}円$$

4．圧縮限度額

$$\underline{\hspace{3cm}}円\times\dfrac{\underline{\hspace{3cm}}円(*1)}{\underline{\hspace{3cm}}円}=\underline{\hspace{3cm}}円$$

(*1)　$\underline{\hspace{3cm}}$円　＞　$\underline{\hspace{3cm}}$円　∴　$\underline{\hspace{3cm}}$円

5．圧縮超過額

$$\underline{\hspace{4cm}}円-\underline{\hspace{3cm}}円=\underline{\hspace{3cm}}円$$

6．償却限度額

$$(\underline{\hspace{4cm}}円-\underline{\hspace{3cm}}円)\times0.\underline{\hspace{1.5cm}}\times\dfrac{\underline{\hspace{1cm}}}{\underline{\hspace{1cm}}}=\underline{\hspace{3cm}}円$$

7．償却超過額

$$(\underline{\hspace{3cm}}円+\underline{\hspace{3cm}}円)-\underline{\hspace{3cm}}円=\underline{\hspace{3cm}}円$$

1. 土地

① 判定

イ. ＿＿＿＿＿＿円 － ＿＿＿＿＿＿円 ＝ ＿＿＿＿＿＿円

ロ. ＿＿＿＿＿＿円 × ＿＿% ＝ ＿＿＿＿＿＿円

ハ. ＿＿＿＿＿＿円 ≦ ＿＿＿＿＿＿円 ∴ 圧縮記帳の適用＿＿＿

② 経費

$$\text{＿＿＿＿＿＿円} \times \frac{\text{＿＿＿＿＿＿円}}{\text{＿＿＿＿＿＿円}} = \text{＿＿＿＿＿＿円}$$

③ 圧縮限度額

＿＿＿＿＿＿円 － (＿＿＿＿＿＿円 ＋ ＿＿＿＿＿＿円) × A ＝ ＿＿＿＿＿＿円

$$A = \frac{\text{＿＿＿＿＿＿円}}{\text{＿＿＿＿＿＿円} ＋ \text{＿＿＿＿＿＿円*}}$$

＊ (＿＿＿＿＿＿円 － ＿＿＿＿＿＿円 ＝ ＿＿＿＿＿＿円)

④ 圧縮超過額

＿＿＿＿＿＿円 － ＿＿＿＿＿＿円 ＝ ＿＿＿＿＿＿円

2. 倉庫用建物

① 判定

イ. ＿＿＿＿＿＿円 － ＿＿＿＿＿＿円 ＝ ＿＿＿＿＿＿円

ロ. ＿＿＿＿＿＿円 × ＿＿% ＝ ＿＿＿＿＿＿円

ハ. ＿＿＿＿＿＿円 ≦ ＿＿＿＿＿＿円 ∴ 圧縮記帳の適用＿＿＿

② 経費

$$\text{＿＿＿＿＿＿円} \times \frac{\text{＿＿＿＿＿＿円}}{\text{＿＿＿＿＿＿円}} = \text{＿＿＿＿＿＿円}$$

③ 圧縮限度額

＿＿＿＿＿＿円 － (＿＿＿＿＿＿円 ＋ ＿＿＿＿＿＿円 ＋ ＿＿＿＿＿＿円＊) ＝ ＿＿＿＿＿＿円

＊ (＿＿＿＿＿＿円 － ＿＿＿＿＿＿円 ＝ ＿＿＿＿＿＿円)

④ 圧縮超過額

＿＿＿＿＿＿円 － ＿＿＿＿＿＿円 ＝ ＿＿＿＿＿＿円

⑤ 償却限度額

(＿＿＿＿＿円－＿＿＿＿＿円)×0.＿＿＿×＿＿ ＝＿＿＿＿＿円

⑥ 償却超過額

(＿＿＿＿円＋＿＿＿＿＿円)－＿＿＿＿＿円＝＿＿＿＿＿円

1．譲渡経費

　　　　　＿＿＿＿＿＿円－＿＿＿＿＿＿円＝＿＿＿＿＿円

2．差引対価補償金

　　　　　＿＿＿＿＿＿円－＿＿＿＿＿円＝＿＿＿＿＿＿円

3．差益割合

$$\frac{A}{＿＿＿＿＿＿円}＝0.＿＿＿…→0.＿＿　（小数点以下\underline{2}位未満切＿＿＿）$$

　　A＝＿＿＿＿＿円－（＿＿＿＿＿円＋＿＿＿＿円）

4．圧縮基礎取得価額

　(1) 土地F

　　　　　＿＿＿＿＿＿円　＞　＿＿＿＿＿＿円　∴　＿＿＿＿＿＿円

　(2) 倉庫用建物F

　　　（＿＿＿＿＿＿円－＿＿＿＿＿＿円＝＿＿＿＿＿円）　＞　＿＿＿＿＿＿円

　　　∴　＿＿＿＿＿＿円

5．圧縮限度額

　(1) 土地F　　　　＿＿＿＿＿＿円×0.＿＿＝＿＿＿＿＿＿円

　(2) 倉庫用建物F　＿＿＿＿＿＿円×0.＿＿＝＿＿＿＿＿円

6．圧縮限度超過額

　(1) 土地F　　　　＿＿＿＿＿＿円－＿＿＿＿＿＿円＝＿＿＿＿＿円

　(2) 倉庫用建物F　＿＿＿＿＿＿円－＿＿＿＿＿＿円＝＿＿＿＿＿円

7．償却限度額

$$（＿＿＿＿＿＿円－＿＿＿＿＿＿円）×0.＿＿×\frac{＿＿}{＿＿}＝＿＿＿＿＿円$$

8．償却限度超過額

　　（＿＿＿＿円＋＿＿＿＿＿円）－＿＿＿＿＿円＝＿＿＿＿＿＿円

1．譲渡経費

　　　　　＿＿＿＿＿＿円－＿＿＿＿＿＿円＝＿＿＿＿＿＿円

2．差引対価補償金

　　　　　＿＿＿＿＿＿円－＿＿＿＿＿＿円＝＿＿＿＿＿＿円

3．差益割合

$$\frac{\underline{\hspace{2cm}}円－(\underline{\hspace{2cm}}円＋\underline{\hspace{1.5cm}}円)}{\underline{\hspace{5cm}}円}＝0.\underline{\hspace{0.5cm}}$$

4．圧縮基礎取得価額

　(1) 土地B

　　（いずれかを○で囲む）

　　＿＿＿＿＿＿円　$\begin{matrix}<\\>\end{matrix}$　＿＿＿＿＿＿円　∴　＿＿＿＿＿＿円

　(2) 倉庫用建物B

　　　　　　　　　　　　　　　　（いずれかを○で囲む）

　　（＿＿＿＿＿＿円－＿＿＿＿＿＿円＝＿＿＿＿＿＿円）　$\begin{matrix}<\\>\end{matrix}$　＿＿＿＿＿＿円

　　∴　＿＿＿＿＿＿円

5．圧縮限度額

　(1) 土地B　　　　＿＿＿＿＿＿円×0.＿＿＝＿＿＿＿＿＿円

　(2) 倉庫用建物B　＿＿＿＿＿＿円×0.＿＿＝＿＿＿＿＿＿円

6．圧縮超過額

　(1) 土地B　　　　＿＿＿＿＿＿円－＿＿＿＿＿＿円＝＿＿＿＿＿＿円

　(2) 倉庫用建物B　＿＿＿＿＿＿円－＿＿＿＿＿＿円＝＿＿＿＿＿＿円

7．償却限度額

　　（＿＿＿＿＿＿円－＿＿＿＿＿＿円）×0.＿＿＿×$\frac{\underline{\hspace{1cm}}}{\underline{\hspace{1cm}}}$＝＿＿＿＿＿＿円

8．償却限度超過額

　　（＿＿＿＿＿＿円＋＿＿＿＿＿＿円）－＿＿＿＿＿＿円＝＿＿＿＿＿＿円

1．譲渡経費　_____円

2．差益割合　A÷_____円＝0.___

A＝_____円－（_____円＋_____円＋_____円）

3．圧縮基礎取得価額

① 土地

_____円 ＞ _____円 (*1) ∴ _____円

(*1)（_____円＋_____円）× $\dfrac{m^2 \times}{m^2}$ ＝_____円

② 倉庫用建物

（_____円－_____円＝_____円）＜ _____円

∴ _____円

4．圧縮限度額

① 土地

_____円×0.___×___％＝_____円

② 倉庫用建物

_____円×0.___×___％＝_____円

5．圧縮限度超過額

① 土地

_____円－_____円＝_____円

② 倉庫用建物

_____円－_____円＝_____円

6．倉庫用建物の減価償却費

① 償却限度額

（_____円－_____円）×0.___× $\dfrac{}{}$ ＝_____円

② 償却超過額

（_____円＋_____円）－_____円＝_____円

1．受取配当等の額

　(1) 関連法人株式等　＿＿＿＿＿＿円

　(2) その他の株式等　＿＿＿＿＿円

2．控除負債利子

　(1) 原則法　＿＿＿＿＿円

　(2) 簡便法　＿＿＿＿＿円

　(3)　(1)＜(2)　∴　＿＿＿＿＿円

3．益金不算入額

$$(\underline{\hspace{3cm}}円 - \underline{\hspace{2cm}}円) + \underline{\hspace{2cm}}円 \times \frac{\underline{\hspace{1cm}}}{\underline{\hspace{1cm}}} = \underline{\hspace{3cm}}円$$

＜受取配当等の益金不算入額＞

1．受取配当等の額

　(1) 関連法人株式等　＿＿＿＿＿＿＿円

　(2) その他の株式等　＿＿＿＿＿＿円

2．控除負債利子

　(1) 原則法　＿＿＿＿＿円

　(2) 簡便法　＿＿＿＿＿円

　(3)　＿＿＿＿＿円　＜　＿＿＿＿＿円　∴　＿＿＿＿＿円

3．益金不算入額

$$（\underline{\hspace{2cm}}円－\underline{\hspace{1.5cm}}円）+\underline{\hspace{1.5cm}}円×\frac{\underline{\hspace{1cm}}}{\underline{\hspace{1cm}}}=\underline{\hspace{2cm}}円$$

＜法人税額から控除される所得税額＞

1．株式出資

　(1) 個別法

　　① A株式

$$\underline{\hspace{2cm}}円×\frac{\underline{\hspace{1cm}}株}{\underline{\hspace{1cm}}株}×\frac{12}{12}（1.000）$$

$$+\underline{\hspace{2cm}}円×\frac{\underline{\hspace{1cm}}株}{\underline{\hspace{1cm}}株}×\frac{\underline{\hspace{0.5cm}}}{\underline{\hspace{0.5cm}}}（0.\underline{\hspace{1cm}}）=\underline{\hspace{2cm}}円$$

　　② B株式　＿＿＿＿＿＿＿円

　　③ 小　計　　①＋②＝＿＿＿＿＿＿＿円

　(2) 簡便法

　　① A株式

$$\underline{\hspace{2cm}}円×\frac{\underline{\hspace{1cm}}株+（\underline{\hspace{1cm}}株-\underline{\hspace{1cm}}株）×\frac{\underline{\hspace{1cm}}}{\underline{\hspace{0.5cm}}}}{\underline{\hspace{2cm}}株}（0.\underline{\hspace{1cm}}）$$

$$=\underline{\hspace{2cm}}円$$　　　　　　　　　　（小数点以下＿位未満切り＿＿）

　　② B株式　＿＿＿＿＿＿＿円

③ 小 計　①+②=＿＿＿＿＿円

(3) ＿＿＿＿＿円　＜　＿＿＿＿＿円　　∴＿＿＿＿＿円

2. その他　　＿＿＿＿＿円

## 第17問　所得税額控除

1. 株式出資

(1) 個別法

　① A株式

　　イ　＿＿＿＿＿円×$\dfrac{\_\_\_\_\_\text{株}}{\_\_\_\_\_\text{株}}$×（$\dfrac{\_\_}{\_\_}$=＿＿＿）

　　　　=＿＿＿＿＿円

　　ロ　＿＿＿＿＿円×$\dfrac{\_\_\_\_\_\text{株}}{\_\_\_\_\_\text{株}}$×（$\dfrac{\_\_}{\_\_}$=＿＿＿）

　　　　=＿＿＿＿＿円（円未満＿＿＿）

　　ハ　イ+ロ=＿＿＿＿＿円

　② B株式　＿＿＿＿＿円

　③ ①+②=＿＿＿＿＿円

(2) 簡便法

　① A株式

　　＿＿＿＿＿円×0.＿＿＿（*1）=＿＿＿＿＿円

　　(*1)イ　＿＿＿＿＿株+（＿＿＿＿＿株−＿＿＿＿＿株）×$\dfrac{\_\_}{\_\_}$=＿＿＿＿＿株

　　　　ロ　$\dfrac{\text{イ}}{\_\_\_\_\_\text{株}}$=0.＿＿＿（小数点以下＿位未満＿＿＿）

　② B株式　＿＿＿＿＿円

　③ ①+②=＿＿＿＿＿円

（いずれかを○で囲む）

(3) (1) $\begin{smallmatrix}<\\>\end{smallmatrix}$ (2)　∴　＿＿＿＿＿円

2. その他　＿＿＿＿＿円

3. 合計　1.＋2.＝＿＿＿＿＿円

(1)　中小企業者等税額控除限度額

　①　比較試験研究費の額

$$\underline{\hspace{11cm}} = \underline{\hspace{2.5cm}}円$$

　②　増減試験研究費割合

$$\underline{\hspace{6.5cm}} = 0.\underline{\hspace{1cm}}\ \underline{\hspace{1.5cm}}\ \underline{\hspace{0.8cm}}\%$$
（等号不等号を記入）

　③　割増前税額控除割合

$$\underline{\hspace{6cm}} = 0.\underline{\hspace{2cm}}$$

　④　控除割増率

　（ⅰ）平均売上金額

$$\underline{\hspace{14cm}}$$

$$= \underline{\hspace{3cm}}円$$

　（ⅱ）試験研究費割合

$$\underline{\hspace{5cm}} = 0.\underline{\hspace{1.2cm}}\ \underline{\hspace{1.5cm}}\ 10\%$$
（等号不等号を記入）

∴控除割増率の適用_____　（あり・なしを記入）

　（ⅲ）控除割増率

$$\underline{\hspace{4cm}} = 0.\underline{\hspace{1.5cm}}$$

　⑤　税額控除割合

③＋③×0.\_\_\_\_\_＝0._____　∴0.\_\_\_\_　（小数点以下3位未満切捨て）

0.\_\_\_\_　_____　17%　∴0.\_\_\_
（等号不等号を記入）

　⑥　中小企業者等税額控除限度額

$$\underline{\hspace{6cm}} = \underline{\hspace{2.5cm}}円$$

(2)　中小企業者等控除上限額

　①　中小企業者等控除上限額の特例の判定

\_\_\_\_　_____　\_\_%　∴10%加算の適用_____　（あり・なしを記入）
（等号不等号を記入）

　②　中小企業者等控除上限額

_____円×（__％＋__％）＝_____円

(3) 税額控除額

_____円 _____ _____円 ∴_____円

## 第19問　租税公課

| 加算減算 | 区　　分 | 金　　額 |
|---|---|---|
| 加 ・ 減 | | 円 |
| 加 ・ 減 | | 円 |
| 加 ・ 減 | | 円 |
| 加 ・ 減 | | 円 |
| 加 ・ 減 | | 円 |
| 加 ・ 減 | | 円 |
| 加 ・ 減 | | 円 |

（注１）加算減算欄には、当該調整項目が加算の場合には、「加」に○を付し、当該調整項目が減算の場合には「減」に○を付すこと。

（注２）区分欄は、原則解答に示されている用語を使用することとするが、税法上の適切な用語が記載されていれば正解扱いとする。答の順番は不問とする。

問1　甲社のこの合併に関する税務上の取引を仕訳形式で示しなさい。

| 借方科目 | 金　　額 | 貸方金額 | 金　　額 |
|---|---|---|---|
| 総資産 | （　　　　　） | 総負債 | （　　　　　） |
| 資産調整勘定 | （　　　　　） | 資本金等の額 | 90,000,000 |

問2　乙社の合併により減少する利益積立金額の金額を次の算式に従って答えなさい。

　　　＿＿＿＿＿＿円＋ {＿＿＿＿＿円－（＿＿＿＿＿＿円－＿＿＿＿＿円)}

　　　＝＿＿＿＿＿＿円

問3　丙社の合併により交付される甲社株式の取得価額を解答用紙に示した算式を完成させて、答え

　なさい。

　　　＿＿＿＿＿＿円＋（＿＿＿＿＿円－＿＿＿＿＿円×＿＿%）＝＿＿＿＿＿＿円

問4　丙社の合併による乙社株式の譲渡損益の金額を答えなさい。

　　　＿＿＿＿＿＿＿円

1．所得金額

　＿＿＿＿＿＿円＋＿＿＿＿＿円－＿＿＿＿＿円＝＿＿＿＿＿円→＿＿＿＿＿円

　　　　　　　　　　　　　　　　　　　　　　　　　　　（＿＿円未満切＿＿＿）

2．納付すべき法人税額の計算

　① 年800万円以下

　　　＿＿＿＿＿円× ―― ×＿＿%＝＿＿＿＿＿円
　　　　　　　　　　 ――

　② 年800万円超

　　　＿＿＿＿＿＿円－＿＿＿＿＿円× ―― ＝＿＿＿＿＿＿円
　　　　　　　　　　　　　　　　　 ――

　　　＿＿＿＿＿＿円×＿＿＿%＝＿＿＿＿＿円

　③ 合計

　　　①＋②＝＿＿＿＿＿円

1．所得金額の計算

| 区　　　　　分 | 金　　額 |
|---|---|
| 当　期　利　益 | 円 |
| | 円 |
| | 円 |
| | 円 |
| | 円 |
| | 円 |
| | 円 |
| | 円 |
| | 円 |
| | 円 |
| | 円 |
| | 円 |
| | 円 |
| | 円 |
| | 円 |
| 小　　計 | 円 |
| | 円 |
| | 円 |
| | 円 |
| | 円 |
| | 円 |
| | 円 |
| | 円 |
| | 円 |
| 小　　計 | 円 |
| 仮　　　　計 | 円 |
| | 円 |
| | 円 |
| | 円 |
| 合　計　・　総　計　・　差　引　額 | 円 |
| 所　　得　　金　　額 | 円 |

注　(a) 区分欄は，原則解答に示されている用語を使用していることとするが，税法上の適切な用語が書かれていれば正答とする。(b) 答の順番は不問とする。(c) 留保・社外流出の表記は省略する問とする。

2．所得金額の計算過程

■ 個別評価金銭債権に係る貸倒引当金

(1) 繰入限度額 ＿＿＿＿＿＿＿円

(2) 繰入超過額 ＿＿＿＿＿＿円－＿＿＿＿＿＿円＝＿＿＿＿＿＿円

■ 一括評価金銭債権に係る貸倒引当金

(1) 繰入限度額

 ① 期末一括評価金銭債権の額

  (＿＿＿＿＿＿円＋＿＿＿＿＿＿円－＿＿＿＿＿＿円) ＋＿＿＿＿＿＿円

  ＋(＿＿＿＿＿＿円－＿＿＿＿＿＿円) ＋＿＿＿＿＿＿円＝＿＿＿＿＿＿円

 ② 実質的に債権とみられないものの額

  イ．原則法

   A．債権の額 ＿＿＿＿＿＿円

   B．債務の額 ＿＿＿＿＿＿円＋＿＿＿＿＿＿円＝＿＿＿＿＿＿円

   C．判定 A. $\gtrless$ B. ∴＿＿＿＿＿＿円
     (いずれかを〇で囲む)

  ロ．簡便法 ＿＿＿＿＿＿円×0.＿＿＿ (小数点以下＿位未満切り＿＿) ＝＿＿＿＿＿＿円

  ハ．判 定 イ. $\gtrless$ ロ. ∴＿＿＿＿＿＿円
     (いずれかを〇で囲む)

 ③ 実績繰入率

$$\frac{(\text{＿＿＿＿円}+\text{＿＿＿＿円}+\text{＿＿＿＿円}) \times ——}{(\text{＿＿＿＿＿＿円}+\text{＿＿＿＿＿＿円}+\text{＿＿＿＿＿＿円}) \div \text{＿}}$$

  ＝0.＿＿＿＿ (小数点以下＿位未満切り＿＿)

 ④ 法定繰入率 0.＿＿＿

 ⑤ 繰入限度額

  イ．実績繰入率による繰入限度額

   ＿＿＿＿＿＿円×0.＿＿＿＿＝＿＿＿＿＿＿円

  ロ．法定繰入率による繰入限度額

   (＿＿＿＿＿＿円－＿＿＿＿＿＿円) ×0.＿＿＿＝＿＿＿＿＿＿円

ハ. 判　定　イ. $\overset{>}{<}$ ロ.　∴＿＿＿＿＿円
　　　　　（いずれかを〇で囲む）

(2) 繰入超過額　＿＿＿＿＿円－＿＿＿＿＿円＝＿＿＿＿円

■　交際費等の損金不算入額

(1) 支出交際費等の額

　① 　飲食費　＿＿＿＿＿円

　② 　その他　＿＿＿＿＿円＋＿＿＿＿＿円＋＿＿＿＿＿円＋＿＿＿＿＿円＋＿＿＿＿＿円

　　　　＝＿＿＿＿＿円

　③ 　合　計　①＋②＝＿＿＿＿＿円

(2) 定額控除限度額　＿＿＿＿＿円×────＝＿＿＿＿＿円

(3) 損金算入限度額

　　（＿＿＿＿＿円×＿＿％＝＿＿＿＿＿円）$\overset{>}{<}$＿＿＿＿＿円
　　　　　　　　　　　　　　　　　（いずれかを〇で囲む）
　∴＿＿＿＿＿円

(4) 損金不算入額　＿＿＿＿＿円－＿＿＿＿＿円＝＿＿＿＿円

■　同業者団体加入金

(1) 償却限度額　＿＿＿＿＿円×$\dfrac{月}{年×12月}$＝＿＿＿＿円

(2) 償却超過額　＿＿＿＿＿円－＿＿＿＿円＝＿＿＿＿＿円

■　寄附金の損金不算入額

(1) 支出寄附金の額

　① 　指定寄附金等　＿＿＿＿＿円

　② 　特定公益増進法人に対する寄附金　＿＿＿＿＿円

　③ 　その他の寄附金　＿＿＿＿＿円

　④ 　合計　①＋②＋③＝＿＿＿＿＿円

(2) 寄附金支出前所得金額　＿＿＿＿＿円＋＿＿＿＿＿円＝＿＿＿＿＿円

(3) 一般寄附金損金算入限度額

　① 　資本基準額　＿＿＿＿＿円×────×────＝＿＿＿＿＿円

　② 　所得基準額　＿＿＿＿＿円×────＝＿＿＿＿＿円

③ 損金算入限度額 （＿＿＿＿＿円＋＿＿＿＿＿円）×—— ＝＿＿＿＿＿円

(4) 特別損金算入限度額

① 資本基準額 ＿＿＿＿＿円× —— × —— ＝＿＿＿＿＿円

② 所得基準額 ＿＿＿＿＿円× —— ＝＿＿＿＿＿円

③ 特別損金算入限度額 （＿＿＿＿＿円＋＿＿＿＿＿円）× —— ＝＿＿＿＿＿円

(5) 損金不算入額

＿＿＿＿＿円－＿＿＿＿＿円－＿＿＿＿＿円(注)－＿＿＿＿＿円＝＿＿＿＿＿円

（注）＿＿＿＿＿円 ＞ ＿＿＿＿＿円 ∴＿＿＿＿＿円

3．納付すべき法人税額の計算

| 摘　　　要 | 金　　額 | 備　　　考 |
|---|---|---|
| 所　得　金　額 | ＿＿＿＿＿円 | ＿＿＿円未満切り捨て |
| 法　人　税　額 | ＿＿＿＿＿円 | |
| 差　引　法　人　税　額 | ＿＿＿＿＿円 | |
| 法　人　税　額　計 | ＿＿＿＿＿円 | |
| 控　　除　　税　　額 | ＿＿＿＿＿円 | |
| 差引所得に対する法人税額 | ＿＿＿＿＿円 | ＿＿＿円未満切り捨て |
| 中間申告分の法人税額 | ＿＿＿＿＿円 | |
| 納付すべき法人税額 | ＿＿＿＿＿円 | |

## 4．納付すべき法人税額の計算過程

| 税 率 適 用 区 分 | (1) 年800万円以下<br><br>＿＿＿＿＿＿円× ── ×＿％＝＿＿＿＿＿円<br><br>(2) 年800万円超<br><br>＿＿＿＿＿＿＿円－＿＿＿＿＿＿円× ──<br><br>＝＿＿＿＿＿＿円<br><br>＿＿＿＿＿＿＿円×＿＿％＝＿＿＿＿＿円<br><br>(3) 合計<br><br>(1)＋(2)＝＿＿＿＿＿＿円 |
| --- | --- |

## 3 貸倒引当金の繰入限度額

　貸倒引当金の繰入限度額は，期末金銭債権を個別評価金銭債権（その一部につき回収が不能となった債権に限る）と，一括評価金銭債権とに区別し，それぞれ別々の基準で計算したものの合計額となる。

　　　　繰入限度額＝個別評価分＋一括評価分

　なお，大法人（中小法人等及び銀行・保険会社等以外）については，平成24年4月1日以後に開始する事業年度から貸倒引当金の繰入限度額を損金に算入することはできない。

⑴　期末金銭債権を個別に評価し貸倒引当金を設定するもの（個別評価分）

　　個別評価金銭債権については，債務者ごとに下記により計算した金額の合計額を繰入限度額とする。

①　長期棚上げがあった場合

　　次のような事実により金銭債権の弁済が猶予され，又は分割払いにより弁済が猶予されることとなった場合に，5年以内に弁済されることになっている金額及び担保権の実行等により取立て等が見込まれる金額以外の金額。

　㈠　会社更生法の規定による更生計画認可の決定

　㈡　民事再生法の規定による再生計画認可の決定

　㈢　会社法の規定による特別清算に係る協定の認可

　㈣　法令の規定による整理手続によらない関係者の協議決定で次のもの

　　㋑　債権者集会の協議決定で合理的な基準により債務者の負債整理を定めているもの

　　㋺　行政機関，金融機関その他第三者のあっせんによる当該者間の協議により締結された契約で，その内容が上記に準ずるもの

　　　　繰入限度額＝弁済が猶予された金額－5年以内に弁済されることになっている金額等

②　債務者の債務超過の状態が相当期間継続している場合

　　債務者について債務超過の状態が相当期間（1年以上）継続し，事業に好転の見通しがない場合，災害，経済事情の急変等によって多大な損害が生じたことなどによって，その一部の金額について回収の見込みがないと認められる金額。

　　　　繰入限度額＝金銭債権の額（上記①の金銭債権を除く）－回収可能見込額

③　形式基準による方法

　　債務者に次のような事実が生じた場合には，金銭債権の額（上記①，②の金銭債権を除き，実質的に債権とみられないものの額及び担保権の実行等による取立て等見込額を控除した残額）の50％以内の金額。

　a　会社更生法の規定による更生手続開始の申立て

　b　民事再生法の規定による再生手続開始の申立て

　c　破産法の規定による破産手続開始の申立て

　d　会社法の規定による特別清算開始の申立て

　e　手形交換所による銀行取引停止処分

　　　　繰入限度額＝（金銭債権の額－実質的に債権とみられないものの額等）×50％

(2) 期末金銭債権を一括に評価して貸倒引当金を設定するもの（一括評価分）

一括評価金銭債権については，個別に評価したものを除いた期末一括評価金銭債権の帳簿価額の合計額に，貸倒実績率を乗じて計算した金額を繰入限度額とする。

① 実績繰入率による計算

$$繰入限度額＝期末の一括評価金銭債権の合計額 \times 貸倒実績率$$

$$貸倒実績率＝\frac{当期首前3年以内に開始した各事業年度の貸倒損失等の額の合計額 \times \dfrac{12}{左の各事業年度の月数の合計}}{当期首前3年以内に開始した各事業年度末の一括評価金銭債権の帳簿価額の合計額 \div 左の各事業年度の数}$$

（小数点以下4位未満の端数は切上げ）

② 中小法人等の特例

期末資本金又は出資金の額が1億円以下の中小法人等（資本金又は出資金の額が5億円以下の法人の100％子会社などを除く）が貸倒引当金の繰入れをする場合には，①で計算した貸倒実績率によるか，その法人等の営む主たる事業の区分に基づく法定繰入率によるかの選択適用が認められている。

$$繰入限度額＝（期末の一括評価金銭債権の合計額－実質的に債権とみられないものの額）\times 法定繰入率$$

③ 実質的に債権とみられないものの額（簡便法）

実質的に債権にならないものの金額を個々に計算するのは大変なことなので，平成27年4月1日に存在する法人に限り，過去の実績に基づいて簡便的に実質的に債権とみられない部分の金額を計算してもよいことになっている。

$$実質的に債権とみられないものの額＝期末一括評価金銭債権の額 \times 控除割合$$

$$控除割合＝\frac{分母のうち実質的に債権とみられない額の合計額}{基準年度末の一括評価金銭債権の額の合計額} \left(\begin{array}{c}小数点以下第3位\\未満の端数切捨て\end{array}\right)$$

※基準年度……平成27年4月1日から平成29年3月31日までの間に開始した各事業年度

④ 法定繰入率

| イ．卸売及び小売業 | a．割賦販売小売業等 | $\dfrac{7}{1,000}$ |
| （飲食店及び料理店業を営む。） | b．a以外 | $\dfrac{10}{1,000}$ |
| ロ．製造業（電気，ガス，水道，修理業を含む。） | | $\dfrac{8}{1,000}$ |
| ハ．金融業及び保険業 | | $\dfrac{3}{1,000}$ |
| ニ．その他 | | $\dfrac{6}{1,000}$ |

## 4 翌期の処理

当期に損金の額に算入した貸倒引当金は，翌期に全額取り崩して益金の額に算入する。

**例題**

甲株式会社（以下「甲社」という。）は，当期（自令和6年4月1日　至令和7年3月31日）の期末資本金の額が40,000,000円の卸売業を営む非同族会社である。次の資料に基づき当社の当期における税務調整すべき金額を計算しなさい。

＜資料＞

(1) 当期末現在の貸借対照表に計上されている債権等（貸倒引当金控除前）の金額は次のとおりである。

① 受取手形　　　　38,423,000円
② 売掛金　　　　167,512,000円
③ 貸付金　　　　 40,000,000円
④ 未収入金　　　　 630,000円
⑤ 前渡金　　　　　 370,000円

(2) 上記(1)に掲げる債権につき，以下のような留意事項がある。

① 受取手形は，すべて売掛金の回収のために取得したものであるが，この他貸借対照表に脚注表示された割引手形が3,850,000円ある。

② 売掛金のうち4,320,000円は，A社に対するものであるが，当社はA社に対して買掛金3,180,000円及び支払手形1,286,400円がある。

③ 貸付金のうち15,000,000円は，B社に対するものであるが，B社について当期中に会社更生法の規定による更生計画の認可の決定があり，当社の有する債権につき次の事実が決定した。なお，この貸付金についてB社所有の土地（時価5,000,000円）が担保に供されている。

　イ．債権額のうち2,000,000円は切り捨てる。

　ロ．債権額のうち5,000,000円は令和17年5月20日まで棚上げとする。

　ハ．残額の8,000,000円は令和7年5月20日を第1回として毎年5月20日に800,000円を10回の年賦により均等払いで支払う。

　　当社は，上記決定に関し，15,000,000円を損金経理により個別評価金銭債権に係る貸倒引当金として繰り入れているが，切捨額及び棚上げ額については何ら処理していない。

(3) 実質的に債権とみられないものの額の簡便法による控除割合は0.01853とする。

(4) 甲社の過去3年間における税務上の期末一括評価金銭債権の帳簿価額の状況，売掛債権等についての貸倒損失額の発生状況は次のとおりである。

| 事業年度 | 各事業年度末における<br>一括評価金銭債権の帳簿価額 | 貸倒損失額 |
|---|---|---|
| R3. 4. 1 ～ R4. 3.31 | 197,596,000円 | 1,918,000円 |
| R4. 4. 1 ～ R5. 3.31 | 191,925,000円 | 1,865,000円 |
| R5. 4. 1 ～ R6. 3.31 | 196,721,000円 | 1,905,000円 |

(5) 甲社が当期において費用計上した一括評価金銭債権に係る貸倒引当金の繰入額は2,500,000円であり，また，前期において費用に計上した一括評価金銭債権に係る貸倒引当金の繰入額2,000,000円（うち繰入超過額109,660円）は，当期においてその全額を取崩して収益に計上している。

1．貸倒損失認定損　2,000,000円

2．個別評価金銭債権に係る貸倒引当金

(1) 繰入限度額

15,000,000円 － 2,000,000円 － 800,000円 × 5 － 5,000,000円 ＝ 4,000,000円

(2) 繰入超過額

15,000,000円 － (1) ＝ 11,000,000円

3．一括評価金銭債権に係る貸倒引当金

(1) 繰入限度額

① 期末一括評価金銭債権の額

(38,423,000円 ＋ 3,850,000円) ＋ 167,512,000円 ＋ (40,000,000円 － 15,000,000円) ＋ 630,000円

＝ 235,415,000円

② 実質的に債権とみられないものの額

イ．原則法

A．債権の額　4,320,000円

B．債務の額

3,180,000円 ＋ 1,286,400円 ＝ 4,466,400円

C．判定　A＜B　∴　4,320,000円

ロ．簡便法

235,415,000円 × 0.018（小数点以下3位未満切捨て）＝ 4,237,470円

ハ．判定　イ＞ロ　∴　4,237,470円

③ 実績繰入率

$\dfrac{A}{B}$ ＝ 0.0098（小数点以下4位未満切り上げ）

A (1,918,000円 ＋ 1,865,000円 ＋ 1,905,000円) × $\dfrac{12}{36}$

B (197,596,000円 ＋ 191,925,000円 ＋ 196,721,000円) ÷ 3

④ 法定繰入率　0.010

⑤ 繰入限度額

イ．実績繰入率による繰入限度額

235,415,000円 × 0.0098 ＝ 2,307,067円

ロ．法定繰入率による繰入限度額

(235,415,000円 － 4,237,470円) × 0.010 ＝ 2,311,775円

ハ．判定　イ＜ロ　∴　2,311,775円

(2) 繰入限度超過額

2,500,000円 － 2,311,775円 ＝ 188,225円

4．貸倒引当金繰入超過額認容　109,660円

# 第 14 章 圧縮記帳

## 1 圧縮記帳の意義

　法人が，国からの補助金や火災により受取った保険金等（「補助金等」という）は，法人税では原則として「益金の額」に算入することになり，課税の対象となる。したがって，補助金等により新たな資産を購入しようとすると，結果的に課税後の補助金等で購入しなければならなくなり，新たな資産の購入資金に不足をきたすことになる。

　そこで税法では，補助金等で購入した新たな資産の取得価額を減額することで，その減額分を「損金の額」に算入する制度を採用している。この制度を「圧縮記帳」という。

　固定資産を圧縮記帳すると，その圧縮した後の金額が取得価額となり，新たな資産の取得価額は圧縮記帳分本来の取得価額よりも少ない金額となる。毎決算期の減価償却は，圧縮記帳後の取得価額を基に計算するので，その分だけ減価償却費の金額が少なくなり，結果的に所得金額は多くなる。そのため税金をその分だけ多く納めることになり，圧縮記帳により一時に課税されなかった分は，固定資産の耐用年数期間にわたって減価償却を通じて取り戻すことになる。この意味で圧縮記帳は課税の免除ではなく，課税の繰延制度である。

（例）　①補助金等受入　（借方）当　座　預　金　2,000,000　（貸方）国庫補助金受贈益　2,000,000
　　　　②資　産　購　入　（借方）機　　　　　械　3,000,000　（貸方）当　座　預　金　3,000,000
　　　　③圧　縮　記　帳　（借方）固定資産圧縮損　2,000,000　（貸方）機　　　　　械　2,000,000
　　　　④償却基礎となる取得価額　　3,000,000−2,000,000＝1,000,000

圧縮記帳は原則として固定資産についてのみ認められ，次のようなものがある。

　　イ．国庫補助金等で取得した固定資産の圧縮記帳
　　ロ．保険金等で取得した固定資産の圧縮記帳
　　ハ．交換により取得した固定資産の圧縮記帳，など

## 2 国庫補助金等で取得した固定資産の圧縮記帳

　国や地方公共団体から補助金や助成金（「国庫補助金等」という）を受取り，その目的に適合した固定資産を取得したり，改良したりする場合で，期末までにその返還を必要としないことが確定している場合に限り圧縮記帳をすることができる。

　国庫補助金等を受取った場合には，「国庫補助金収入」等又は「雑収入（営業外収益）」で処理して益金の額に算入するとともに，圧縮記帳できる金額を損金経理の方法で損金の金額に算入することとなる。損金算入限度額は，固定資産の取得にあてた国庫補助金等の額の範囲内に限られる。

　　　国庫補助金等受入額 ＝ 圧縮限度額

## 3 保険金で取得した固定資産の圧縮記帳

　火災などにより建物や機械装置などの固定資産が損害を受け，その火災などがあった日から3年以内に固定資産の帳簿価額よりも多い保険金を受取った場合には，保険金の金額から固定資産の帳簿残高と跡片付け費用を控除した差額を「保険差益」勘定で処理し，益金の額に算入する。後日，保険金を使用して代替の固定資産を取得した場合に，次の算式の範囲内の金額を圧縮記帳により損金の額に算入できる。

$$*保険差益 × \frac{代替資産の取得価額}{受取保険金} ＝圧縮限度額（＝損金算入限度額）$$

　＊保険差益 ＝（保険金等の額 － 滅失等の経費額）－ 滅失した固定資産のうち被害部分相当額
　上記の式中の分子の「代替資産の取得価額」は，分母の受取保険金の金額を限度とし，分母の「受取保険金」は，滅失または損壊によって支出する経費を控除した金額をいう。

　なお滅失または損壊によって支出する経費とは，固定資産の取壊し費用，焼跡の整理費用，消防費用など固定資産の滅失等に直接関連する費用であるが，類焼者に対する賠償金，けが人への見舞金，被災者への弔慰金，謝罪広告費など固定資産の滅失に直接関連しない費用は含まれない。

> **(注1)**　代替資産の範囲…圧縮記帳の対象となる保険金等をもって取得したもので，滅失等をした固定資産に代替する同一種類の固定資産が対象となる。従って，棚卸資産として取得した資産については，この規定の適用はない。

**例題**

次の資料に基づき甲株式会社（以下「甲社」という。）の当期（自令和6年4月1日 至令和7年3月31日）における取得した建物に係る圧縮限度額及び圧縮限度超過額並びに償却限度額及び減価償却超過額を計算しなさい。

＜資料＞

1. 甲社では当期の5月27日に倉庫用建物Aが火災により全焼した。

　なお，焼失した資産の焼失直前の帳簿価額は次のとおりであり，当期の費用に計上している。

　(1) 倉庫用建物A　　　　　　　　19,000,000円

　(2) 商品　　　　　　　　　　　14,000,000円

2. 1.の火災に伴い滅失経費として支出した金額の内訳は次のとおりである。

　なお，共通経費の各資産への配賦は，受取保険金の比によるのが合理的であると認められる。

　(1) 新聞に謝罪広告を掲載した費用　　　900,000円

　(2) 焼跡の整理費用　　　　　　　1,750,000円

　(3) 消防に要した費用　　　　　　1,000,000円

　(4) 近隣への見舞金　　　　　　　　500,000円

3. 甲社は当期の8月4日に保険会社から保険金として倉庫用建物Aに係る部分23,000,000円，商品分12,000,000円を受け取った。

　なお，受け取った保険金で焼失した倉庫用建物Aと用途を同じくする倉庫用建物Bを当期の11月11日に30,000,000円で取得し，直ちに事業の用に供している。

4. 甲社は，法人税法第47条《保険金等で取得した固定資産等の圧縮額の損金算入》の規定の適用を受け，次の金額を損金経理により計上している。

　(1) 倉庫用建物Bに係る圧縮損　　　3,000,000円

　(2) 倉庫用建物Bに係る減価償却費　　312,500円

5. 甲社は，建物の減価償却方法として定額法を採用しており，倉庫用建物Bの耐用年数は24年（平成19年4月1日以降取得した資産に係る定額法償却率は0.042）である。

---

1. 滅失等により支出した経費の額

$$(1,750,000円 + 1,000,000円) \times \frac{23,000,000円}{23,000,000円 + 12,000,000円} = 1,807,142円$$

2. 改定保険金等の額

23,000,000円 − 1,807,142円 = 21,192,858円

3. 保険差益の額

21,192,858円 − 19,000,000円 = 2,192,858円

4. 圧縮限度額

$$2,192,858円 \times \frac{21,192,858円^{(*1)}}{21,192,858円} = 2,192,858円$$

（＊1）30,000,000円 ＞ 21,192,858円 ∴ 21,192,858円

〔解説〕 保険差益のうち，代替資産の取得に充てられた受取保険金額相当額が圧縮限度額とされる。

5. 圧縮限度超過額

3,000,000円 − 2,192,858円 = 807,142円

6. 償却限度額

$$(30,000,000円 − 2,192,858円) \times 0.042 \times \frac{5}{12} = 486,624円$$

7．減価償却超過額

(312,500円＋807,142円) － 486,624円 ＝ 633,018円

> 〔解説〕 減価償却超過額の計算に，圧縮限度超過額がある場合にはそれを含めて計算する。

## 4 交換により取得した固定資産の圧縮記帳

① 圧縮記帳の対象となる交換

　固定資産の交換は，譲渡の一形態と考えられるので，原則として帳簿価額と時価との差額（「交換差益」という）は譲渡損益となる。しかし，お互いにあまり現金収支を伴わず同じ種類，同じ用途の固定資産の交換を行う場合（ただし，土地，建物，機械装置，船舶，鉱業権に限る）には，譲渡益に課税することをせずに，圧縮記帳により交換差益を限度として損金の額に算入できる。

　なお税法上交換による圧縮記帳が認められるのは，下記のすべての要件を満たす場合である。

ⅰ 交換による譲渡資産と取得資産が，土地と土地，建物と建物のように互いに同じ種類の資産であること。

ⅱ 譲渡資産も取得資産も固定資産であること。

ⅲ 譲渡資産も取得資産も，それぞれの所有者がともに1年以上所有していたものであること。

ⅳ 取得資産は，相手方が交換するために取得した資産でないこと。

ⅴ 取得資産を交換譲渡資産の交換直前の用途と同じ用途に使用すること。

ⅵ 交換した時における譲渡資産の価額（時価）と取得資産の価額（時価）との差額が，これらの時価のうちいずれか高い方の価額の20％以内であること。

② 圧縮限度額

　交換による圧縮限度額は，交換差金の有無等により，次の算式である。

ａ）資産の交換のみの場合

　　　取得資産の時価－(譲渡資産の帳簿価額＋譲渡経費)

ｂ）交換差金を受取った場合

　　　取得資産の時価－(譲渡資産の帳簿価額＋譲渡経費)×$\dfrac{\text{取得資産の時価}}{\text{取得資産の時価＋交換差金}}$

ａ）交換差金を支払った場合

　　　取得資産の時価－(譲渡資産の帳簿価額＋譲渡経費＋交換差金)

> **(参考)** 有休資産の交換
> 　交換により取得した固定資産の圧縮記帳の規定は，現に事業の用に供していない固定資産を交換した場合にも適用がある。
>
> **(参考)** 申告要件
> 　交換により取得した固定資産の圧縮記帳の規定は，確定申告書に圧縮記帳した金額に相当する金額の損金算入に関する明細の記載がある場合に限り，適用する。

> **例題**
>
> 次の資料に基づき甲株式会社（以下「甲社」という。）の当期（自令和6年4月1日　至令和7年3月31日）において調整すべき金額を計算しなさい。
>
> ＜資料＞
> (1)　当期の11月3日に当社の所有する土地及び倉庫用建物とX社が所有する土地及び建物を交換したが，その明細は次のとおりである。
>
> | 区　分 | 交換譲渡資産 | | 取得資産 |
> |---|---|---|---|
> | | 譲渡時の時価 | 譲渡直前の簿価 | 取得時の時価 |
> | 土　地 | 64,000,000円 | 36,160,000円 | 62,000,000円 |
> | 建　物 | 26,000,000円 | 19,500,000円 | 27,000,000円 |
> | 現　金 | － | － | 1,000,000円 |
> | 合　計 | 90,000,000円 | 55,660,000円 | 90,000,000円 |
>
> (2)　交換譲渡資産は及び取得資産は，それぞれ甲社およびX社が10年以上所有していたものであり，甲社およびX社において交換のために取得したものではない。
>
> (3)　取得資産は，X社において倉庫用に使用されたものであるが，当社は，引き続き取得の日の翌日から倉庫として使用している。
>
> (4)　甲社は，この交換に際して，譲渡経費2,500,000円を支払っており，当期の費用に計上している。また，交換差金として受け取った現金1,000,000円は当期の収益に計上している。
>
> (5)　甲社は，この交換について法人税法第50条第1項《交換により取得した資産の圧縮額の損金算入》の規定の適用を受けることとして，取得資産について，土地圧縮損26,000,000円及び建物圧縮損6,000,000円を損金経理するとともに，同額を取得資産の帳簿価額から直接減額している。
>
> 　なお，交換により譲渡した倉庫用建物の減価償却については適正に処理がなされており，取得した倉庫用建物の減価償却については，見積耐用年数24年（定率法0.083，定額法0.042）で300,000円を当期の償却費として損金経理している。

(1)　土地
　①　判定
　　　イ．64,000,000円 － 62,000,000円 ＝ 2,000,000円
　　　ロ．64,000,000円 × 20% ＝ 12,800,000円
　　　ハ．2,000,000円 ≦ 12,800,000円　∴　圧縮記帳の適用あり
　②　経費
　　　2,500,000円 × 64,000,000円 ÷ 90,000,000円 ＝ 1,777,777円
　③　圧縮限度額
　　　62,000,000円 － (36,160,000円 ＋ 1,777,777円) × A ＝ 25,247,778円

$$A = \frac{62,000,000円}{62,000,000円 + 2,000,000円}$$

> 〔解説〕　交換差金の額2,000,000円 ＝ 64,000,000円 － 62,000,000円

　④　圧縮超過額
　　　26,000,000円 － 25,247,778円 ＝ 752,222円
(2)　倉庫用建物

① 判定

イ．27,000,000円 − 26,000,000円 ＝ 1,000,000円

ロ．27,000,000円 × 20% ＝ 5,400,000円

ハ．1,000,000円 ≦ 5,400,000円　∴　圧縮記帳の適用あり

② 経費

2,500,000円 × 26,000,000円 ÷ 90,000,000円 ＝ 722,222円

③ 圧縮限度額

27,000,000円 − (19,500,000円 ＋ 722,222円 ＋ 1,000,000円) ＝ 5,777,778円

〔解説〕　交換差金の額1,000,000円 ＝ 27,000,000円 − 26,000,000円

④ 圧縮超過額

6,000,000円 − 5,777,778円 ＝ 222,222円

⑤ 償却限度額

$(27,000,000円 − 5,777,778円) \times 0.042 \times \dfrac{5}{12} = 371,388円$

⑥ 償却超過額

(300,000円 ＋ 222,222円) − 371,388円 ＝ 150,834円

## 5 収用等による圧縮記帳

① 土地収用法などの規定により棚卸資産以外の資産が収用され，補償金の交付を受けて代わりとなる資産（代替資産）を取得した場合には，一定の方法により計算した圧縮限度額の範囲内で，圧縮損として損金の額に算入することができる。

② 代替資産の範囲

| イ | 譲渡資産と同一種類の資産（権利） |
|---|---|
| ロ | 1つの効用を有する一組の譲渡資産と同じ効用をもつ他の資産（権利）<br>同一の効用かどうかは，居住用，店舗または事務所用などの別に判定する。 |
| ハ | 事業の用に供するための減価償却資産や土地等 |

③ 圧縮限度額

圧縮限度額 ＝ 代替資産の圧縮基礎取得価額*1 × 差益割合*2

-----

＊1　圧縮基礎取得価額＝差引対価補償金と代替資産の取得価額のうちいずれか少ない額

＊2　差益割合＝（差引対価補償金−譲渡資産の帳簿価額）÷差引対価補償金

※差引対価補償金＝対価補償金等の額−譲渡経費の額

　なお，経費補償金がある場合には，譲渡経費の額から経費補償金を控除した金額が譲渡経費となる。また，差益割合については小数点以下2位未満を切捨てる。

**例題**

次の資料に基づき甲株式会社（以下「甲社」という。）の当期（自令和6年4月1日　至令和7年3月31日）において調整すべき金額を計算しなさい。

＜資料＞

(1) 当期6月22日に土地収用法の規定により，当社所有の倉庫及びその敷地が国に収用された。その内訳は次のとおりである。

| 区分 | 譲渡直前帳簿価額 | 対価補償金 | 譲渡経費 | 経費補償金 |
|---|---|---|---|---|
| 土地A | 18,950,000円 | 60,000,000円 | 2,700,000円 | 1,300,000円 |
| 倉庫用建物A | 7,600,000円 | 30,000,000円 | | |
| 合計 | 26,550,000円 | 90,000,000円 | 2,700,000円 | 1,300,000円 |

（注1）経費補償金は譲渡経費に充てるために交付されたものである。

（注2）倉庫用建物については，繰越償却超過額が285,000円ある。

(2) 甲社は，収受した対価補償金及び経費補償金の額を当期の収益に計上した。譲渡資産の譲渡直前の帳簿価額及び譲渡経費は当期の費用に計上している。

なお，次の資産を代替資産として取得しており，取得後直ちに事業の用に供している。

| 区分 | 取得価額（圧縮前） | 圧縮額 | 減価償却費 | 取得年月日 | 法定耐用年数 |
|---|---|---|---|---|---|
| 土地B | 55,000,000円 | 40,000,000円 | － | R4.11.11 | － |
| 倉庫用建物B | 35,000,000円 | 24,000,000円 | 200,000円 | R4.11.11 | 31年 |

（注）圧縮額及び減価償却費は，いずれも当期において損金経理により計上されたものである。

(3) 甲社は，減価償却資産の償却方法について何ら選定の届出をしていない。

なお，耐用年数31年に対応する定額償却率は0.033である。

(4) 差益割合は一括して計算するものとする。

---

1．譲渡経費

2,700,000円 － 1,300,000円 ＝ 1,400,000円

2．差引対価補償金

90,000,000円 － 1,400,000円 ＝ 88,600,000円

3．差益割合

A ÷ 88,600,000円 ＝ 0.69712…　→　0.69（小数点以下2位未満切捨）

A ＝ 88,600,000円 － （26,550,000円 ＋ 285,000円）

4．圧縮基礎取得価額

(1) 土地B

88,600,000円 ＞ 55,000,000円　∴　55,000,000円

(2) 倉庫用建物B

（88,600,000円 － 55,000,000円 ＝ 33,600,000円）＜ 35,000,000円　∴　33,600,000円

5．圧縮限度額

(1) 土地B　　　55,000,000円 × 0.69 ＝ 37,950,000円

(2) 倉庫用建物B　33,600,000円 × 0.69 ＝ 23,184,000円

6．圧縮限度超過額

(1) 土地B　　　40,000,000円 － 37,950,000円 ＝ 2,050,000円

(2) 倉庫用建物B　24,000,000円 － 23,184,000円 ＝ 816,000円

## 7．倉庫用建物Bの減価償却費

(1) 償却限度額

$$(35,000,000円 - 23,184,000円) \times 0.033 \times \frac{5}{12} = 162,470円$$

(2) 償却限度超過額

$$(200,000円 + 816,000円) - 162,470円 = 853,530円$$

## 6 特定資産を買換えた場合の圧縮記帳

① 法人が，令和8年3月31日までの間に，その所有する棚卸資産以外の特定の資産（譲渡資産）を譲渡し，譲渡の日を含む事業年度において特定の資産（買換資産）を取得し，かつ，取得の日から1年以内に買換資産を事業の用に供した場合又は供する見込みである場合に，買換資産について圧縮限度額の範囲内で帳簿価額を損金経理により減額するなどの一定の方法で経理したときは，圧縮限度額の範囲内でその減額した金額を損金の額に算入することができる。

② 対象となる買換えについて

圧縮記帳の対象となる買換えは，長期所有資産の買換えなど一定の買換えである。

③ 対象となる譲渡資産の範囲

この制度の対象となる資産は，原則として固定資産である土地等，建物または構築物に限られる。従って，例えば棚卸資産である土地等や有価証券，機械及び装置，無形固定資産，繰延資産を譲渡しても，圧縮記帳の適用はない。

④ 対象となる買換資産の範囲

この制度の対象となる買換資産の範囲は，国内にある土地等，建物または構築物その他一定の資産で，原則として，譲渡資産の譲渡日を含む事業年度内に取得され，かつ，その資産の取得日から1年以内に事業の用に供した又は供する見込みであるものが該当する。

なお，買換えによって取得した資産が土地等である場合には，譲渡資産の土地等の面積の5倍に相当する部分までが対象となる。

> **(注)** 長期所有資産の買換えの対象となる買換資産である土地等は、事務所等などの特定施設の敷地の用に供されるもので、300m² 以上のものが対象となる。

⑤ 圧縮限度額の計算

圧縮限度額は，次の算式によって計算する。

$$（算式）\quad 圧縮限度額 = 圧縮基礎取得価額^{(注1)} \times 差益割合^{(注2)} \times \frac{（80 又は一定の割合）^{(注3,注4)}}{100}$$

> **(注1)** 圧縮基礎取得価額とは，買換資産の取得価額と譲渡資産の譲渡対価の額のうちいずれか少ない金額をいう。
> **(注2)** 差益割合 ＝ ｛譲渡対価の額 －（譲渡資産の帳簿価額＋譲渡経費の額）｝÷譲渡対価の額
> **(注3)** 長期所有資産の買換えについては，譲渡資産が地域再生法（以下，注3及び注4にいて「再生法」）に規定する集中地域以外の地域にあり，かつ，買換資産が次の地域内にある場合には，それぞれに定める割合となる。
> ① 再生法に規定する一定の地域（東京都区部）　　　70%
> 　　ただし，当該買換が本社等の買換えに該当する場合には，60%
> ② 再生法に規定する集中地域内（①を除く）　　　75%
> **(注4)** 譲渡資産が再生法に規定する一定の地域内（東京都区部）にあり，かつ，買換資産が再生法に規定する集中地域以外の地域に存する場合には，次の区分に応じ，それぞれに定める割合とする。
> ① その買換が本社等の移転に該当する場合　　90%
> ② ①以外の場合　80%

### 例題

次の資料に基づき甲株式会社（以下「甲社」という。）の当期（自令和6年4月1日　至令和7年3月31日）において調整すべき金額を計算しなさい。

＜資料＞

(1)　当社は，令和6年5月15日に，平成5年から東京都練馬区内に所有している事務所用建物およびその敷地（140㎡）を譲渡し，新たに地域再生法に規定する集中地域以外の地域にある土地（850㎡）を取得し，そこに倉庫用建物を建築し，当期12月24日から事業の用に供している。

(2)　譲渡資産及び買換資産に関する資料は次のとおりである。

| 区　分 | 譲渡資産 | | 買換資産 |
| --- | --- | --- | --- |
| | 譲渡直前簿価 | 譲渡対価の額 | 取得価額 |
| 土　地 | 24,000,000円 | 80,000,000円 | 90,000,000円 |
| 建　物 | 12,450,000円 | 17,000,000円 | 35,000,000円 |
| 合　計 | 36,450,000円 | 97,000,000円 | 125,000,000円 |

（注）譲渡した事務所用建物には，前期以前から繰り越されていた減価償却超過額が350,000円ある。

(3)　この土地・建物の譲渡に際して不動産業者へ支出した仲介手数料2,000,000円及び買換資産である土地の取得に際して不動産業者へ支出した仲介手数料3,000,000円は，手数料として当期の費用に計上している。

(4)　甲社は，譲渡資産について，譲渡対価の額と譲渡直前簿価との差額を固定資産売却益として計上し，買換資産については，土地圧縮損40,000,000円，建物圧縮損10,000,000円，買換資産である倉庫用建物（法定耐用年数31年　定額法償却率0.033）についての減価償却費376,000円を，それぞれの損金経理により計上している。

(1)　譲渡経費　2,000,000円

(2)　差益割合　$\dfrac{A}{97,000,000円} = 0.60$

　　A＝97,000,000円－（36,450,000円＋350,000円＋2,000,000円）

〔解説〕　譲渡対価に占める譲渡益相当の割合を計算している。

(3)　圧縮基礎取得価額

①　土地

97,000,000円　＞　76,588,235円（＊1）　∴　76,588,235円

（＊1）（90,000,000円＋3,000,000円）×｛（140㎡×5）÷850㎡｝＝76,588,235円

②　倉庫用建物

（97,000,000円－76,588,235円＝20,411,765円）　＜　35,000,000円　∴　20,411,765円

〔解説〕　同一事業年度において買換資産が2以上ある場合には，譲渡資産の対価の額は，それらの買換資産のうち一の買換資産の取得価額に達するまでその取得に充てられたものとし，残額について他の買換資産の取得価額に達するまで順次に充てられたものとして計算する。この場合，その対価の額がいずれの買換資産から充てられたものとするかは，法人の判断に委ねられるため，法人有利の扱いをとることになる。

(4) 圧縮限度額

① 土地

76,588,235円 × 0.60 × 80% = 36,762,352円

② 倉庫用建物

20,411,765円 × 0.60 × 80% = 9,797,647円

〔解説〕 譲渡益の80%相当額が圧縮限度額となる。

(5) 圧縮限度超過額

① 土地

40,000,000円 − 36,762,352円 = 3,237,648円

② 倉庫用建物

10,000,000円 − 9,797,647円 = 202,353円

(6) 倉庫用建物の減価償却費

① 償却限度額

$(35,000,000円 − 9,797,647円) \times 0.033 \times \dfrac{4}{12} = 277,225円$

② 償却超過額

(376,000円 + 202,353円) − 277,225円 = 301,128円

〔解説〕 減価償却超過額の計算に圧縮限度超過額を含めて計算する。

# 第15章 受取配当等の益金不算入

## 1 考え方

　株主に対する内国法人から受ける配当等は，法人税等を差し引いたあとの剰余金から支払われている。つまり，いったん課税済みのもので，これを受取った法人で益金の額に算入すると二重課税になる。個人には，所得税法において配当控除の制度があるように，法人には，法人税法において受取配当等の益金不算入の制度がある。

## 2 配当等の金額

(1) 益金不算入計算の対象となる配当等

　① 剰余金の配当，利益の配当，剰余金の分配及びみなし配当

　　株式等保有割合により株式等を区分し，受取配当等の額のうち，完全子法人株式等（保有割合100%）及び関連法人株式等（保有割合3分の1超100%未満）については100%，その他の株式等（保有割合5%超3分の1以下）については50%，非支配目的株式等（保有割合5%以下）については20%相当額が益金不算入とされる。

> **(注1)** 外国法人もしくは公益法人等または人格のない社団等から受けるものは日本の法人税の二重課税が発生しないとの考え方から除く。
> **(注2)** 完全子法人株式等及び関連法人株式等については，配当等の計算期間中にそれぞれの保有割合を継続して満たす必要がある。

　② 特定株式投資信託の収益分配金

　　特定株式投資信託の収益の分配の額については，株式等と同様に扱い，非支配目的株式等として，20%相当額が益金不算入とされる。

　③ 一定のみなし配当

(2) 短期所有株式の適用除外

　　配当の計算期間の末日以前1か月以内に株式を買い，配当だけをもらって末日後2か月以内に売ったという場合には，その配当金は益金不算入の適用がない。

## 3 負債利子の控除

(1) 負債利子の控除の意義

　　法人は，配当等の元本となる株式や特定株式投資信託（以下「株式等」という）を自己資金で購入する場合もあるが，銀行などの金融機関から借入などで購入する場合もある。借入金などで購入した株式等に配当等があったときには，その借入金等の利子は，受取配当等という収益に対応する費用といえる。そこで，受取配当等の益金不算入額を計算するにあたっては，借入金等の利子を受取配当等から控除して計算するものとしている。この借入金等の利子を「負債利子」という。

> **(注)** 借入金等の利子は，通常の利子の他，手形割引料なども含まれる。

(2) 控除すべき負債利子の額の計算

控除の対象となる株式等…関連法人株式等

控除する負債利子の額は，次の㈦原則法と㈡実績割合による簡便法のいずれかによって計算する（有利な方を選択できる）。ただし㈡は，平成27年4月1日に現に存在していた法人のみ適用できるものである。

㈦ 原則法

次の算式のように，総資産の帳簿価額に占める株式等の帳簿価額の割合で支払利子を按分して，負債利子を算定する。

$$\text{支払利子総額} \times \frac{\text{前期末及び当期末の株式等の帳簿価格の合計額}}{\text{前期末及び当期末の総資産の帳簿価格の合計額}} = \text{控除する負債利子の額}$$

（注）総資産は原則として貸借対照表上の値を使用します。

㈡ 実績割合による簡便法

基準年度における実績割合（支払利子総額に対する原則法で計算した負債利子の合計額の割合）を，当期の支払利子の総額に乗じて算定する。

当事業年度の支払利子の総額×負債利子控除割合＝控除する負債利子の額

なお，基準年度とは，平成27年4月1日から平成29年3月31日までの間に開始した各事業年度をいい，負債利子控除割合は，小数点以下3位未満の端数を切捨てる。

## 4 益金不算入の計算

その事業年度において受ける配当等の額のうち，次の算式により計算した金額の合計額が益金不算入額となる。なお，関連法人株式等について負債の利子がある場合には，一定の金額を控除する。

$$\text{益金不算入額} = \begin{pmatrix} \text{完全子法人株式等につき受} \\ \text{ける配当等の額の合計額} \end{pmatrix} + \begin{pmatrix} \text{関連法人株式等につき受} \\ \text{ける配当等の額の合計額} - \text{負債の利子の額のうち関連法} \\ \text{人株式等にかかる部分の金額} \end{pmatrix}$$

$$+ \begin{pmatrix} \text{その他の株式等につき受} \\ \text{ける配当等の額の合計額} \end{pmatrix} \times 50\% + \begin{pmatrix} \text{非支配目的株式等につき受} \\ \text{ける配当等の額の合計額} \end{pmatrix} \times 20\%$$

（参考1）短期所有株式等に係る配当等の額がある場合には，益金不算入の計算に係る配当等の額の合計額から控除する。
（参考2）みなし配当の額がある場合には，配当等の額の合計額に含める。

## 5 短期所有株式等に係る配当等がある場合

短期所有株式等とは，その配当等に係る元本たる株式等を，その配当等に係る基準日前1ヶ月以内に取得し，その株式等を基準日後2ヶ月以内に譲渡した場合の，その譲渡した株式等である。短期所有株式等に係る配当等がある場合には，その金額については，受取配当等の益金不算入の適用はないこととされている。

(1)　短期所有株式等のイメージ図（基準日が3月31日の場合）

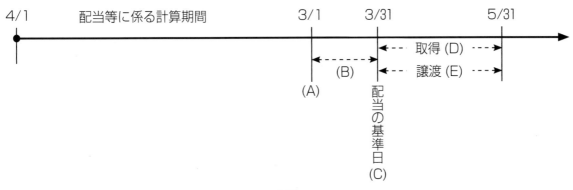

(2)　短期所有株式等の数＝（E）×$\dfrac{(C) \times \dfrac{(B)}{(A) + (B)}}{(C) + (D)}$

(A) 基準日前1ヶ月の日に所有している株式等の数
(B) 基準日前1ヶ月以内に取得した株式等の数
(C) 配当等の基準日における株式等の数
(D) 基準日後2ヶ月以内に取得した株式等の数
(E) 基準日後2ヶ月以内に譲渡した株式等の数

(3)　短期所有株式等に係る配当等の計算

短期所有株式等に係る配当等の額＝$\dfrac{\text{短期所有株式等の数}}{(C)\ \text{配当等の基準日における株式等の数}}$

## 6 受取配当等と源泉徴収税額

　法人が剰余金の配当等を行う場合には，原則としてその配当等の金額の20%の所得税を源泉徴収することになっている（上場株式等の配当の場合には，15%の所得税を源泉徴収）。そのため配当等を受取った法人では，源泉徴収後の手取金額となっている。益金不算入の対象となる受取配当等の金額は，源泉徴収後の手取金額ではなく，源泉徴収前の収入金額である。手取金額を源泉徴収前の収入金額になおすには，次の算式による。

　　　　手取金額÷（1－源泉徴収税率）＝受取配当等の金額

　なお，平成25年から令和19年までに支払を受ける配当等については，所得税に所得税額の2.1%の復興特別所得税が加算されて下記が源泉徴収されている。

　(1)　上場株式等の配当等の場合
　　　復興特別所得税加算後……15.315%の所得税
　(2)　(1)以外の配当等の場合
　　　復興特別所得税加算後……20.42%の所得税

**例題**

次の資料に基づき甲株式会社（以下「甲社」という。）の当期（自令和6年4月1日　至令和7年3月31日）における受取配当等の益金不算入額及び法人税額から控除される所得税額等を計算しなさい。

＜資料＞

(1) 当期において受け取った配当等の額は次の通りであり，当社は源泉徴収税額控除後の差引手取り額を当期の収益に計上している。なお，復興特別所得税は考慮していない。

| 銘柄等 | 区分 | 配当等の計算期間 | 受取配当等の額 | 源泉徴収税額 | 差引手取額 | (注) |
|---|---|---|---|---|---|---|
| A株式 | 配当 | R5.4.1～R6.3.31 | 1,800,000円 | 360,000円 | 1,440,000円 | 1 |
| B株式 | 配当 | R5.10.1～R6.9.30 | 700,000円 | 140,000円 | 560,000円 | 2 |
| 銀行預金 | 利子 | － | 40,000円 | 6,000円 | 34,000円 | － |

(注1) A株式（配当等の計算期間の初日における株式等保有割合45%）は，令和4年10月22日に15,000株，令和6年3月18日に5,000株を取得しており，その後に異動はない。

(注2) B株式（配当等の計算期間の初日における株式等保有割合32%）は，数年前から保有している。

(2) 関連法人株式等に係る控除負債利子の額の原則法による税務上適正額は100,000円であり，簡便法による税務上適正額は70,000円である。

＜受取配当等の益金不算入額＞

1．受取配当等の額

(1) 関連法人株式等　1,800,000円

(2) その他の株式等　　700,000円

2．控除負債利子

(1) 原則法　100,000円

(2) 簡便法　70,000円

(3) (1)＞(2)　∴　70,000円

〔解説〕 簡便法を適用した方が，益金不算入の対象額から控除する金額が少なくなる。

3．益金不算入額

$$(1,800,000円 - 70,000円) + 700,000円 \times \frac{1}{2} = 2,080,000円$$

＜法人税額から控除される所得税額等＞

〔解説〕 詳しい計算方法などは，P65　第21章「税額控除」を確認してください。

1．株式出資

(1) 個別法

① A株式

イ　$360,000円 \times (15,000株 \div 20,000株) \times (\frac{12}{12} = 1.000) = 270,000円$

ロ　$360,000円 \times (5,000株 \div 20,000株) \times (\frac{1}{12} = 0.084) = 7,560円$

ハ　イ＋ロ＝277,560

> 〔解説〕　按分後の源泉所得税に乗じる値は小数点以下 3 位未満切り上げ処理する。小数点以下 3 位未満切り捨てではないため注意が必要。

②　B 株式

140,000円

> 〔解説〕　数年前から異動がないため按分計算の必要はない。

③　①＋②＝417,560円

(2)　簡便法

①　A 株式

360,000円 × 0.875 (＊1) ＝ 315,000円

$$(＊1)　イ　15,000株 ＋ (20,000株 － 15,000株) × \frac{1}{2}$$

$$ロ　\frac{イ}{20,000株} ＝ 0.875（小数点以下 3 位未満切上）$$

②　B 株式

140,000円

> 〔解説〕　按分後の源泉所得税に乗じる値は小数点以下 3 位未満切り上げ処理する。小数点以下 3 位未満切り捨てではないため注意が必要。

③　①＋②＝455,000円

(3)　(1) ＜ (2)　∴　455,000円

2．その他

6,000円

> 〔解説〕　預金利子にかかる源泉所得税等は，その徴収額がそのまま税額控除可能であり，按分計算は必要ない。

3．合計

1．＋ 2．＝ 461,000円

# 7 みなし配当

　内国法人が資本の払い戻しなどにより金銭等の交付を受けた場合には，その交付を受けた金銭等の額が資本金等の額を超える場合には，その超える部分の金額は，剰余金の配当等とみなされる。

＜みなし配当が発生する事由＞

・自己株式の取得

・非適格合併などの非適格組織再編成

・資本の払い戻し

・解散による残余財産の分配

・その他一定の場合

## 8 外国子会社から受ける配当等の益金不算入制度

(1) 対象となる配当等の額

内国法人が外国子会社から受ける剰余金の配当等の額

> **(注)** 外国子会社とは，内国法人が，その外国法人の発行済み株式等について，原則として 25％以上を直接保有（その配当等の基準日前 6 ヶ月以上を継続保有）している場合のその外国法人をいう。

(2) 益金不算入額

益金不算入額＝外国子会社から受ける配当等の額の 95％相当額

> **(注1)** 当該配当につき課される外国源泉所得税については，その事業年度の所得の金額の計算上，損金の額には算入されず，また，外国税額控除の適用はない。
>
> **(注2)** 外国子会社から受ける配当等の金額が，所在地国の法人所得税等の計算上，損金の額に算入されている場合には，その受け取る配当等は，受取配当等の益金不算入の対象外となり，当該配当につき課された外国源泉所得税については，外国税額控除の対象となる

# 第16章 その他の損益

## 1 資産の評価損益

　税法は企業間の課税の公平安定を目的とし，同時に原価主義にたつ企業経理の継続的適用を前提としているいので，特別の場合のほかは会社が任意に資産の評価増減をしても税法上は認めない。

(1) 評価益の益金不算入

　　次に掲げる場合以外の評価益は原則として認められない。

　① 会社更生法等による評価換え

　② 保険会社の株式評価換え

(2) 評価損の損金不算入

　　資産の評価損を計上しても原則として認められないが，次に掲げるような事実が生じた資産については，原則損金経理を要件として，その資産の簿価と期末時価との差額を損金に算入することができる。

　① 棚卸資産

　　(イ) 災害で著しく損傷したこと

　　(ロ) 著しく陳腐化したこと

　　(ハ) 更正手続や整理開始のため評価換えする必要があること

　　(ニ) 破損，型崩れ，棚ざらし，品質変化などで通常の販売価格では売れないこと

　② 有価証券

　　(イ) 上場有価証券で，その価額が簿価の概ね50%以下になり回復の見込みがないこと

　　(ロ) 非上場有価証券又は企業支配株式等（特殊関係株主等が有する株式（出資）でその保有割合が20%以上のものをいう。）について，その有価証券の発行法人の資産状態が著しく悪化したため，その価額が著しく低下したこと

　　(ハ) 更正手続や再生手続開始のため評価換えする必要があること

　③ 固定資産

　　(イ) 災害で著しく損傷したこと

　　(ロ) １年以上遊休状態にあること

　　(ハ) 本来の用途に使用できないため転用されたこと

　　(ニ) 資産の所在する場所の状況が著しく変化したこと

　　(ホ) 更正手続，再生手続開始のため評価換えする必要があること

## 2 繰越欠損金

(1) 欠損金の生じた事業年度で青色申告書を提出した場合

当期の開始前10年以内（平成20年３月31日以前に終了した事業年度において生じた欠損金については，その事業年度の開始前７年以内。平成20年４月１日以後終了事業年度から平成30年３月31日以前に開始した事業年度において生じた欠損金については，その事業年度の開始前９年以内）の各事業年度で生じた欠損金は，当期の所得金額を限度として損金に算入する欠損金の繰越控除を適用することができる。

(2) 欠損金の生じた事業年度で青色申告書を提出していない場合

この欠損金が生じた原因が，災害で，棚卸資産，固定資産などの損害による場合には，青色申告書を提出していなくても，その事業年度開始前10年以内（平成20年３月31日以前に終了した事業年度において生じた欠損金については，その事業年度開始前７年以内。平成20年４月１日以後終了事業年度から平成30年３月31日以前に開始した事業年度において生じた欠損金については，その事業年度の開始前９年以内）の欠損金の繰越控除が認められる。

> **(注１)** 欠損金額とは，各事業年度の所得の金額の計算上その事業年度の損金の額がその事業年度の益金の額を超える場合におけるその超える部分の金額をいう。
>
> **(注２)** 期末資本金の額等が１億円以下の中小法人等以外の法人の平成30年４月１日以後に開始する事業年度の欠損金の繰越控除は，その繰越控除前の所得金額の50％を限度とする。

## 3 欠損金の繰戻し還付

青色申告書を提出している期末資本金又は出資金の額が１億円以下の中小法人等に生じた欠損金については，欠損金の繰越控除に代えて，その欠損金額をその事業年度開始の日前１年以内に開始した事業年度の所得に繰戻して，法人税を還付することができる。

$$還付請求金額 ＝ 前期の法人税額 \times \frac{当期の欠損金額}{前期の所得金額}$$

> **(注１)** 中小法人等の欠損金等以外の欠損金で，平成４年４月１日から令和８年３月31日までの間に終了する各事業年度において生じた欠損金については，本制度は不適用とする。
>
> **(注２)** 資本金の額が５億円以上の法人の100％グループ内の法人には適用しない。

## 4 借地権

土地を賃貸借するのにも，いろいろ形態があるが，少なくとも，土地の貸借が，その土地の上に建物又は構築物を建設して，長期間その土地を利用する目的でなされたものである場合は，地主はその土地の利用を長期間にわたって制限されることになるので，その借地権の設定について，何らかの対価を得るのが通常である。

(1) 借地権の設定に伴い権利金等を受取った場合

借地権の設定に伴いその土地の価額が10分の５以上下落するときは，その土地の一部の譲渡があったものとされ，次の算式により計算した金額を取得費として損金に算入する。

$$貸付直前の土地の簿価 \times \frac{借地権の価額}{貸付直前の更地価額}$$

(2) 借地権の設定に伴い権利金等を支払った場合

権利金等として支払った金額を借地権（無形固定資産）として計上しなければならない。借地権は減価償却をしない固定資産であるが，更新料を支払った場合には次の算式で計算した金額を損金に算入する。

$$借地権の更新前簿価 \times \frac{更新料支出額}{更新時の借地権価額}$$

## 5 受贈益

　会社が他から資産を無償で譲渡（贈与）されたり，低い価額で買ったりした場合，正常な価額との差は経済的利益になり受贈益として課税される。この場合，課税された金額は，受贈資産の取得価額に算入される。

　ただし，次に掲げるような贈与者の広告宣伝用の資産を取得した場合には，一定額以内の受贈益には課税されない。

　(イ)　自動車で車体に贈与者の製品名，社名などを表示し，広告宣伝の目的が明らかなもの

　(ロ)　陳列棚，陳列ケース，冷蔵庫，容器などで，贈与者の製品名，社名の広告宣伝目的が明らかなもの

　(ハ)　展示用モデルハウスのようにメーカーの製品見本であることが明らかなもの。

$$課税される受贈益 = 贈与側での取得価額 \times \frac{2}{3} - 受取側の負担価額$$

（受贈益が30万円以下のときは課税されない。）

　ただし，看板，ネオンサイン，どん帳のような専ら広告宣伝用にだけ使われる資産は，贈与されても経済的利益は生じないものとする。

## 6 外貨建取引の換算等

　外貨建取引を行った場合や外貨建資産等を有する場合には，次のいずれかの換算方法により換算した金額をもって，法人の所得金額等の計算基礎とする。

　(1)　換算方法

　　①　発生時換算法

　　　その資産や負債が発生した時点の為替相場を採用する方法で，原則として取引日における電信売買相場の仲値（TTM）を使用する。ただし，特例として継続適用を条件に収益または資産の金額につき，電信買相場（TTB）及び費用または負債につき電信売相場（TTS）を採用することができる。

　　②　期末時換算法

　　　その資産や負債につき，期末の為替相場で換算替えを実施し，翌期において洗替処理する方法をいう。なお，採用する相場の考え方は，基本的に発生時換算法と同じ（原則として TTM，特例として TTB 又は TTS）である。

　(2)　外貨建資産等の換算

　　期末に有する外貨建資産等は，原則として，以下のものは発生時換算法により，それ以外のものについては期末時換算法による。

　・長期性の外貨預金

　・長期性の外貨建債権債務

　・売買目的外の有価証券

> **（参考）** 外貨建債権債務，売買目的外有価証券で償還期限及び償還金額の定めがあるもの，外貨預金については，その資産の種類毎に，その取得した日の属する事業年度の申告期限までに，外貨建資産等の期末換算方法等の選定に関する届出を納税地の所轄税務署へ届け出ることで，発生時換算法または期末時換算法を選択することができる。

## 7 収用換地等の場合の課税の特例（所得の特別控除）

収用換地等によって補償金等を取得した場合において，次の条件を全て満たしている場合には，5,000万円と譲渡益の額とのいずれか少ない方を，損金の額に算入することができる。

・その譲渡を行った事業年度のうち，同一年中に収用換地等により譲渡した全ての資産につき，圧縮記帳等の適用をしていないこと
・譲渡が買取り，交換等の最初の申し出があった日から六月以内に行われていること
・譲渡が最初に買取等の申出を受けた者によって直接行われていること。

# 第17章 自己株式

## 1 自己株式取得の税務

　会社が自己株式を取得した場合には，その株主に交付した金銭等の額が，当該株式に対応する取得時の資本等の額を超える場合には，その超える金額を利益積立金から控除する。ただし，その自己株式が上場されている株式で，市場買付の方法により取得した場合には，株主に交付した金銭等の額が当該株式に対応する取得時の資本等の額を超えても，その超える額は利益積立金から控除しない。

## 2 税務処理の概要

　自己株式を取得した場合には，資本金等の額及び利益積立金額が減少することとなる。減少する金額の計算方法は下記の通りである。

(1)　相対取引又は株式公開買付の場合

　　資本金等の額：取得直前の資本金等の額 × $\dfrac{\text{取得株式数}}{\text{発行済株式総数}}$

　　利益積立金額：交付金銭等の額－資本金等の額の減少金額

(2)　市場購入の場合

　　資本金等の額：自己株式の取得の対価の額相当額

　　利益積立金額：減少する金額はない

## 3 自己株式取得後の処理について

(1)　自己株式の消却

　　取得した自己株式を消却した場合には，税務上の調整は発生しない。

　　**（参考）** 会計仕訳との整合性をとるために別表五にて調整が発生する。

(2)　自己株式の譲渡

　　自己株式を譲渡した場合には，譲渡により払い込まれる金銭等の額を資本金等の額の増加額として取り扱う。

## 4 株主側の取扱について

　自己株式を取得した発行法人において資本金等の額の減少金額とされた金額は，株主において株式の譲渡対価として取り扱われる。

　また，自己株式を取得した発行法人において利益積立金額の減少として処理するとされた金額は，株主側ではみなし配当として処理され，株主側では受取配当金として取り扱われる。

　したがって，株主においては，株式の譲渡対価と譲渡原価（譲渡した株式の帳簿価額）との差額を株式の譲渡損益として認識し，みなし配当の額については，受取配当等の益金不算入の適用を受けることとなる。

# 第**18**章 国際課税関係

## 1 移転価格税制

　移転価格税制は，複数の国で事業活動を行っている法人が，国外関連者との国外関連取引について，その取引が，非関連者との間で行われた取引であるとした場合の価格（独立企業間価格）で所得金額を再計算することにより，恣意性を排除し，本来あるべき所得金額として課税することで，不正な所得移転などを防止し，適正な課税を実現するための制度である。

(1)　国外関連者

　国外関連者とは，法人との間に，50％以上の株式等の保有関係（親子関係，兄弟関係等）や，実質的支配関係（役員関係，取引依存関係，資金関係等）といった特殊の関係がある外国法人をいう。また，株式等の保有関係と実質的支配関係とが連鎖している関係にある外国法人も，国外関連者となる。

(2)　国外関連取引

　国外関連取引とは，法人がその国外関連者との間で行う資産の販売，資産の購入，役務の提供その他の取引をいう。なお，法人がその国外関連者との取引を非関連者を通じて行う一定の場合には，法人と非関連者との間の取引は，国外関連取引とみなされる。

(3)　独立企業間価格

　独立企業間価格とは，同種同様の状況下で，非関連者との間において，取引が行われた場合に成立すると認められる取引価格をいう。独立企業間価格の算定方法については，法令で定められている方法（独立価格比準法，再販売価格基準法，原価基準法，利益分割法及び取引単位営業利益法など）のうち，国外関連取引の内容などを勘案して，最も適切な方法を選定する。

(4)　税務調整

　　低額譲渡等の場合……独立企業間価額－対価の額

　　高額買入等の場合……対価の額－独立企業間価額

## 2 タックスヘイブン税制（外国子会社合算税制）

　タックスヘイブン税制は，税負担が著しく低い，または税が存在しない国や地域（以下「軽課税国」という。）に所在する子会社に所得を移転することによる租税回避に対処するため，軽課税国に所在する一定の外国子会社の所得を，その株主である日本親会社等の所得に合算して課税する制度をいう。

(1)　次に掲げる内国法人に係る外国関係会社のうち，特定外国関係会社又は対象外国関係会社（以下「特定外国関係会社等」という。）に該当するものが，適用対象金額を有する場合には，その適用対象金額のうち，その内国法人が直接及び間接に有する特定外国関係会社等の株式等にかかる金額は，その内国法人の収益の額とみなして，その対象外国関係会社の各事業年度終了の日の翌日から2月を経過する日を含むその内国法人の各事業年度の所得の金額の計算上，益金の額に算入する。

①　その外国関係会社の株式等の保有割合（間接保有を含む）が100分の10以上である内国法人

②　外国関係会社との間に実質的支配関係がある内国法人

③　外国関係会社（その内国法人との間に実質的支配関係があるものに限る）の他の外国関係会社にかかる株式等の①の割合等が100分の10以上である内国法人（①に該当する内国法人を除く）

④　外国関係会社に①に掲げる割合が100分の10以上である一の同族株主グループに属する内国法人

⑵　外国関係会社

　　居住者及び内国法人並びに特殊関係のある非居住者が，その外国法人の発行済株式等の50%超を直接及び間接に保有するか，実質的支配関係にある場合のその外国法人をいう。

⑶　特定外国関係会社

　　次に掲げる外国関係会社をいう。

　①　次のいずれにも該当しない外国関係会社

　　㈜　その主たる事業を行うに必要と認められる事務所，店舗，工場その他の固定施設を有している外国関係会社

　　㈹　本店所在地国において，その事業の管理，支配及び運営を自ら行っている外国関係会社

　　㈶　その他一定の要件に該当する外国関係会社

　②　その他一定の外国関係会社

⑷　対象外国関係会社

　　次のいずれかの要件を満たさない外国関係会社（特定外国関係会社を除く。）

　①　株式等や債権の保有，工業所有権や著作権の提供，航空機等の貸付けが主目的でないこと

　②　本店所在地国において，主たる事業を行うための実態があること

　③　一定の要件

⑸　適用対象金額

　　特定外国関係会社又は対象外国関係会社の各事業年度の所得の金額につき，法人税法及び法人税法の計算に準ずるものとして政令で定める基準により計算した基準所得金額を基礎として，政令で定めるところにより，当該各事業年度開始の日前7年以内に開始した各事業年度において生じた欠損金額及び当該基準所得金額に係る税額に関する調整を加えた金額をいう。

⑹　適用除外

　　次のいずれかに該当する外国関係会社のその該当する事業年度にかかる適用対象金額については，適用がない。

　①　特定外国関係会社の各事業年度の租税負担割合が100分の27以上であること

　②　対象外国関係会社の各事業年度の租税負担割合が100分の20以上である場合

## 3　過少資本税制

　内国法人が，国外支配株主等に負債利子等を支払う場合において，その国外支配株主等に対する負債にかかる平均負債残高がその国外支払い株主等の資本持分の3倍を超えるときは，その国外支配株主等に支払う負債利子等の額のうち，その超える部分に対応する一定の金額は，その内国法人のその事業年度の損金の額に算入しない。ただし，その内国法人の総負債にかかる平均負債残高が，自己資本の額の3倍以下の場合には，この規定の適用はない。

## 4　過大支払利子税制

　法人が，その事業年度における対象支払利子等合計額から控除対象受取利子等合計額を控除した残額が，調整所得金額の20%相当額を超えるときは，その超える部分の金額は，その事業年度の損金の額に算入されない。

# 第 **19** 章　グループ法人税制（グループ法人特有の単体課税の例外的な取扱い）

## 1 概要

　グループ法人税制とは，完全支配関係がある企業グループ間にて行われた取引について，企業グループが一体的に運営されてる現状を踏まえ，その取引について発生した損益を繰延する制度である。ただし，グループ通算制度のようにすべての損益について調整するのではなく，一定の取引のみが繰延の対象となる。なお，本制度は選択制ではなく強制適用となる。

## 2 対象となるグループ法人

　対象となるグループ法人は，内国法人である普通法人等と直接または間接に 100％の完全支配関係がある，そのグループ法人が対象となる。

## 3 完全支配関係

完全支払関係とは，当事者間完全支配関係及びその関係にある法人相互の関係をいう。
⑴　当事者間完全支配関係とは，一の者が，法人の発行済株式等の 100％を直接または間接に保有する関係をいう
⑵　法人相互の関係とは，一の者との間に当事者間完全支配関係がある法人が直接または間接にその法人の発行済株式等の 100％を直接または間接に保有する関係をいう。

> **(注)**　一の者には、法人のほか、個人（親族等も含む）が該当する場合もある。

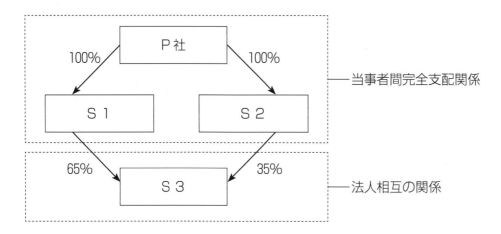

## 4 対象となる一定の取引（グループ法人単体課税制度）

⑴　譲渡損益調整資産の譲渡取引
　　固定資産，棚卸資産である土地等，有価証券（売買目的のものを除く），金銭債権，繰延資産で，譲渡直前の帳簿価額が 1000 万円以上のものについて，対象となるグループ間で行われた譲渡取引につき発生した譲渡損益については，一定の事由が発生するまでは繰延べる

> **(注)**　一定の事由とは、譲渡（完全支配関係グループ内での譲渡を含む）、償却、評価替え、貸倒、除却、グループ関係の解消などその損益が実現する事由をいう。

68

(2)　グループ内の寄附

　　親会社から子会社へ行われた寄附や子会社間で行われた寄附は，支出した法人については，損金不算入となり，受領した法人については益金不算入となる。また子会社間における寄附については，親会社にて寄附修正処理が必要となる。なお，グループ内寄附であっても重要度の高い子会社支援のための寄附など一部の寄附については，この取扱はない。

(3)　受取配当等の益金不算入

　　グループ内配当について，その配当計算期間の全期間について完全支配関係がある場合には，全額益金不算入となる。この場合，負債利子の控除はない。

(4)　中小法人等措置の例外

　　資本金の額が 5 億円以上の法人との間に直接または間接に完全支配関係がある法人等には，資本金 1 億円以下の非中小法人等に適用される以下の規定の適用はない。

　　・交際費等の損金不算入制度における定額控除制度
　　・留保金課税の不適用
　　・貸倒引当金の損金算入制度
　　・欠損金の繰戻還付
　　・欠損金の繰越控除制限の不適用
　　・新設法人の 100% 7 年控除の適用

(5)　その他

　　・完全支配関係がある法人間の現物分配
　　・完全支配関係がある法人間の自己株式の取得や残余財産の分配
　　・残余財産が確定した場合の未処理欠損金の引継ぎ

# 5 出資関係図の添付

　グループ法人税制の対象となる企業グループが提出する確定申告書には，グループ関係を系統的に図示した出資関係図の添付が必要となる。

# 第**20**章 グループ通算制度

## 1 概要

普通法人等が，その法人と完全支配関係がある企業グループ間について，事前に申請することで，グループ通算制度を選択することができる。グループ通算制度は，旧連結納税制度の考え方と同様に，一部の税務調整項目について，企業グループ間全体で計算した上で，各法人が個別に所得金額・法人税額を計算・納付する制度である。本制度の特徴は，旧連結納税制度の考え方を踏襲しつつ，他のグループ企業において，修正，更正事由が生じた場合においても，原則，他のグループ企業に対する影響を排除している点である。

> **(参考)** 完全支配関係とは，グループ法人税制における完全支配関係と同義である。

## 2 グループ通算制度の選択

グループ通算制度を採用する場合，原則，親法人の，本制度を最初に適用しようとする事業年度開始の日の３ヶ月前の日までに，その親法人の納税地の所轄税務署を経由して，国税庁長官に対して承認申請書を提出し，その承認を得る必要がある。ただし，その適用を受けようとする事業年度開始の日の前日までに，承認又は却下の処分がなかったときは，その開始の日において承認があったものとみなされる。

> **(参考)** グループ通算制度を採用する場合には，その内国法人及び内国法人との間に完全支配関係がある他の内国法人の全てについて，国税庁長官の承認を受けなければならない。

## 3 適用対象法人

適用対象となる法人は，親法人およびその親法人との間にその親法人による完全支配関係 <sup>(注)</sup> がある子法人に限られる。

> **(注)** 完全支配関係のうち，下記(1)③から⑦までの法人および外国法人が介在しない一定の関係に限る。「(1)および(2)において同じ。」

(1) 親法人

内国法人である普通法人または協同組合等のうち，次の①から⑥までの法人，および⑥に類する一定の法人のいずれにも該当しない法人をいう。
① 清算中の法人
② 普通法人（外国法人を除く）または協同組合等との間に，その普通法人または協同組合等による完全支配関係がある法人
③ 通算承認の取りやめの承認を受けた法人で，その承認日の属する事業年度終了後5年を経過する日の属する事業年度終了の日を経過していない法人
④ 青色申告の承認の取消通知を受けた法人で，その通知後5年を経過する日の属する事業年度終了の日を経過していない法人
⑤ 青色申告の取りやめの届出書を提出した法人で，その提出後１年を経過する日の属する事業年度終了の日を経過していない法人

⑥　投資法人，特定目的会社

⑦　その他一定の法人（普通法人以外の法人，破産手続開始の決定を受けた法人等）

(2)　子法人

親法人との間にその親法人による完全支配関係がある他の内国法人のうち，上記(1)③から⑦までの法人以外の法人をいう。

## 4　所得金額の計算方法

(1)　損益通算

①　通算グループ内の欠損法人の欠損金額の合計額が，所得法人の所得の金額の比で配分され，その配分された通算対象欠損金額が，所得法人の損金の額に算入される。

②　上記①で損金の額に算入された金額の合計額と同額の所得の金額が，欠損法人の欠損金額の比で配分され，その配分された通算対象所得金額が，欠損法人の益金の額に算入される。

③　通算グループ内の一法人に修正又は更正の事由が生じた場合には，損益通算に用いる通算前所得金額および通算前欠損金額を当初申告額に固定することにより，原則として，その修正又は更正の事由が生じた通算法人（通算親法人および通算子法人をいう。以下同じ。）以外の他の通算法人への影響を遮断し，その修正又は更正の事由が生じた通算法人の申告のみが是正される。（損益通算の遮断措置）

(2)　欠損金の通算

通算法人に係る欠損金の繰越しの規定は，①および②等の一定の定めによる。

①　欠損金の繰越控除額の計算

通算法人の欠損金の繰越控除は，適用事業年度開始の日前 10 年以内に開始した各事業年度（10 年内事業年度）のうち，最も古い事業年度から順に，その 10 年内事業年度毎に，まずは㈤の計算を行い，次に各通算法人の非特定欠損金額を計算した上で，㈥の計算し，㈤と㈥の金額を合計した金額が，その通算法人の欠損金の損金算入額となる。

㈤　10 年内事業年度毎の特定欠損金額の損金算入額

10 年内事業年度の特定欠損金額のうち，特定欠損金の損金算入限度額に達するまでの金額

$$特定欠損金の損金算入限度額＝イ×\frac{ロ}{ハ}（ロのハに占める割合が 1 を超える場合は 1）$$

イ　その通算法人のその 10 年内事業年度の特定欠損金額（欠損控除前所得を限度）
ロ　各通算法人の適用事業年度に係る損金算入限度額の合計額
ハ　各通算法人のその 10 年内事業年度に係る特定欠損金額の合計額

**（参考）** 特定欠損金額とは，時価評価除外法人の最初適用事業年度開始の日前 10 年以内に開始した各事業年度において生じた欠損金額等である。この特定欠損金額は，その通算法人の所得金額からしか控除できない。

㈥　10 年内事業年度毎の非特定欠損金額の損金算入額

10 年内事業年度の非特定欠損金額のうち，非特定欠損金の損金算入限度額に達するまでの金額

$$非特定欠損金の損金算入限度額＝イ×\frac{ロ}{ハ}（ロのハに占める割合が 1 を超える場合は 1）$$

イ　その通算法人のその 10 年内事業年度の非特定欠損金額
ロ　各通算法人の適用事業年度に係る損金算入限度額の合計額
ハ　各通算法人のその 10 年内事業年度に係る特定欠損金額以外欠損金額の合計額

② 欠損金の通算の遮断措置
(イ) 他の通算法人の修正または更正による影響の遮断

通算法人の適用事業年度終了の日に終了する他の通算法人の事業年度(以下「他の事業年度」)の損金算入限度額又は過年度の欠損金額等が，当初申告額と異なるときは，それらの当初申告額が，その他の事業年度の損金算入限度額又は過年度の欠損金額等とみなされる。つまり，通算グループ内の他の通算法人に修正や更正の事由が生じた場合には，欠損金の通算に用いる金額を当初申告額に固定することにより，その通算法人への影響が遮断される。

(ロ) 通算法人による修正または更正による損金算入欠損金額の調整

通算法人の適用事業年度の損金算入限度額又は過年度の欠損金額等が，当初申告額と異なるときは，欠損金額及び損金算入限度額（中小通算法人等である場合を除く。）で当初の期限内申告において通算グループ内の他の通算法人との間で配分し，又は配分された金額を固定する調整等をした上で，その通算法人のみで欠損金額の損金算入額等が再計算されることとなる。

(3) 遮断措置の不適用

通算グループ全体では所得金額がないにもかかわらず，当初申告額に固定することにより所得金額が発生する法人が生ずることのないように，一定の要件に該当する場合には，上記(1)③および(2)②の遮断措置を適用せずに，通算グループ全体で再計算する。また，上記(1)③および(2)②の遮断措置の濫用を防止するため，一定の場合には，税務署長は，通算グループ全体で再計算をすることができる。

(4) その他

上記(1)から(3)までのほか，時価評価課税（グループ通算制度の適用開始，通算グループへの加入および通算グループからの離脱時）や欠損金の切捨て等があり，さらに，通算法人が外国税額控除制度や，研究開発税制などの各個別制度の適用を受ける場合には，所要の調整が必要とされている。

# 5 税率

通算法人の各事業年度の所得に対する法人税率は，各通算法人の区分に応じた税率（原則 23.2％，協同組合等の場合 19％）とされる。なお，大通算法人*以外の普通法人である通算法人（中小通算法人）の各事業年度の所得の金額のうち軽減対象所得金額以下の金額については，19％（令和 7 年 3 月 31日までに開始する各事業年度においては 15％）の税率が適用される。

$$軽減対象金額＝800 万円×\dfrac{その中小通算法人の所得金額}{各中小通算法人の所得金額の合計額}$$

---

＊　大通算法人とは，通算グループ内のいずれかの法人が，その各事業年度の末日において資本金 1 億円超の法人など，一定の法人に該当する場合のその通算グループ内の普通法人をいう。

## 6 申告

(1) 個別申告

　　グループ通算制度においては，連結納税制度と異なり，その適用を受ける通算グループ内の各通算法人が，個別に法人税額を計算し，確定申告書の作成及び提出をする。また，通算法人は原則として，電子情報処理組織（e-tax）による申告書の提出が必要となる。

(2) 申告期限の延長

　　通算親法人が確定申告書の提出期限を 2 月以内で延長されている場合には，全ての通算法人につき，その期限が延長される。

## 7 グループ通算制度の適用開始時

(1) 時価評価除外法人

　① 通算親法人といずれかの通算子法人との間に完全支配関係が継続することが見込まれる場合の通算親法人

　② 通算親法人と通算子法人との間に完全支配関係が継続することが見込まれている場合の通算子法人

(2) 欠損金の切捨て

　　時価評価法人のその通算制度の承認の効力が生じた日前に開始した各事業年度に生じた欠損金額は，原則として切捨ての対象となる。なお，時価評価除外法人については，一定の欠損金額について切捨ての対象となる。

## 8 グループ通算制度の加入時

(1) 時価評価除外法人

　① 通算法人が通算親法人による完全支配関係がある法人を設立したときのその法人

　② 適格株式交換等により加入した株式交換等完全子法人

　③ 通算親法人との完全支配関係を有することとなった場合で，かつ下記に該当する場合

　　(イ) 加入法人の従業者総数の概ね 80％以上を引き継ぎ，その業務に従事すること。

　　(ロ) 加入法人の加入前の主要な業務の引き継ぎ

　④ 通算親法人との完全支配関係を有することとなった場合で，かつ通算親法人と他の通算法人とで共同して事業を行う場合として一定の要件に該当する場合

(2) 欠損金の切捨て

　　時価評価法人のその通算制度の承認の効力が生じた日前に開始した各事業年度に生じた欠損金額は，原則として切捨ての対象となる。なお，時価評価除外法人については，一定の欠損金額について切捨ての対象となる。（適用開始時と同じ取扱い）

## 9 グループ通算制度からの離脱

　　通算グループから離脱した法人が主要な事業を継続することが見込まれない場合など，一定の場合には，その離脱直前における一定の時価評価資産については，離脱直前の事業年度において，時価評価による評価益の額又は評価損の額を，益金の額または損金の額に算入する。

# 第**21**章 組織再編税制

## 1 組織再編成とは

組織再編成とは，企業経営の合理化のために，組織や体制・形態を抜本的に変更し編成し直すことをいい，法人税法においても，様々ある組織再編成の形態ごとにその取り扱いが定められている。

## 2 組織再編成の形態

- 合　　併……2 以上の法人が，契約に基づき一つの法人となる形態
- 会社分割……法人の事業の一部を分割し，別の法人へ引き継がせる形態
　　　　　　　会社分割は，さらに分割型分割と分社型分割に分かれる。
- 現物出資……金銭以外の資産によって出資すること。
- 現物分配……剰余金の配当などの際に，金銭以外の資産（例：株式など）を交付する形態
- 株式交換……法人の発行済株式の全部を他の会社に取得させ，他の会社は，その法人の株主に自社の株式を交付する形態
- 株式移転……法人の発行済株式の全部を新設法人へ取得させ，子会社化する形態をいう。

## 3 適格組織再編成

法人税法では，組織再編成による資産の移転は，原則として時価による譲渡があったものとして，譲渡損益を認識し課税所得の計算をする。ただし，企業グループ内の組織再編成であったり，共同事業を営むための組織再編成の場合には，資産の移転前後で，実質的に変更がない経済的実態を考慮し，移転資産を帳簿価額のまま引き継ぎ，譲渡損益の計上を繰り延べる。

## 4 合併

(1) 適格合併の判定

被合併法人の株主等に対し合併法人株式又は合併親法人株式以外の資産の交付がない合併で，次のいずれかに該当する合併をいう。
① 企業グループ内の組織再編成（株式保有要件）
　　・保有割合 100％の持分関係（完全支配関係）にある法人間で行うもの
　　・保有割合 50％超 100％未満の持分関係（支配関係）にある法人間で行う以下の要件を満たすもの
　　　従業者引継ぎ要件（おおむね 80％以上の従業員引継ぎ見込み）
　　　事業継続要件（主要な事業が引き継がれる見込み）
② 共同事業を行うための組織再編成（共同事業要件）
　　保有割合 50％以下の持分関係にある法人間で行う以下の要件を満たすもの
　　・事業関連性要件（事業が相互に関連）
　　・次のいずれかの要件
　　　事業規模要件（売上や従業者数，資本金などの差がおおむね 5 倍以内）
　　　特定役員引継要件（被合併法人及び合併法人の特定役員が引続き合併法人の特定役員となる見込み）

・従業者引継ぎ要件（おおむね80%以上の従業員引継ぎ見込み）
・事業継続要件（被合併法人の事業を合併後も存続見込み）
・株式継続保有要件（被合併法人等の発行済株式の50%超を保有する企業グループ内の株主が，合併法人株式等の株式の全部を継続保有，該当ない場合には除く）
　③　上記以外の合併
　　非適格合併に該当する。
(2)　課税関係
　①　合併が行われた場合の課税関係

|  | 合併法人 | | 被合併法人 | |
|---|---|---|---|---|
|  | 非適格 | 適格 | 非適格 | 適格 |
| 移転資産の価額 | 時価引継 | 簿価引継 | 時価譲渡（譲渡損益あり） | 簿価譲渡（譲渡損益なし） |
| 利益積立金額 | 引継がない | 引継ぐ | | |

　②　被合併法人の株主の課税関係

|  | 適格 | 非適格 |
|---|---|---|
| みなし配当 | 発生する | 発生しない |
| 譲渡損益（株式のみ交付） | 発生しない | 発生しない |
| 譲渡損益（上記以外） | | 発生する |

**(注1)**　被合併法人とは，合併によりその有する資産及び負債の移転を行った法人をいう。
**(注2)**　合併法人とは，合併により被合併法人から資産及び負債の移転を受けた法人をいう。

# 5 適格合併に該当する場合の課税関係

(1)　前提
　①　被合併法人A社の合併直前の貸借対照表

| 総資産 | 200 | 総負債 | 100 |
|---|---|---|---|
| | | 資本金等の額 | 50 |
| | | 利益積立金額 | 50 |

**(注)**　総資産の時価は500，総負債の時価は帳簿価額と同額である。

　②　合併法人B社の合併による増加資本金額　　30
　③　A社の株主が保有するA社株式の帳簿価額　　50
(2)　被合併法人A社の税務上仕訳
【借方】総負債　　100【貸方】総資産　200
【借方】資本金等の額　　50
【借方】利益積立金額　　50
　適格合併の場合における被合併法人の税務処理は，合併法人へ帳簿価額のまま引き継がせる処理をする。

⑶　合併法人 B 社の税務仕訳

【借方】総資産　　　　　　　200【貸方】総負債　　　　　　100

　　　　　　　　　　　　　　　　【貸方】資本金の額　　　　30

　　　　　　　　　　　　　　　　【貸方】資本金等の額　　　20

　　　　　　　　　　　　　　　　【貸方】利益積立金額　　　50

　適格合併の場合における合併法人の税務処理は，被合併法人の合併直前の帳簿価額により受け入れることとなる。なお，増加する資本金等の額のうち，増加する資本金の額を超える部分の金額は，資本金等の額とする。

⑷　被合併法人 A 社の株主の処理

　適格合併の場合には，合併法人の株式のみ交付され，その取得価額は A 社株式の帳簿価額と同額となる。したがって，譲渡損益やみなし配当は発生しない。

## 6 非適格合併に該当する場合の課税関係

⑴　前提

　①　被合併法人 A 社の合併直前の貸借対照表

| 総資産 | 200 | 総負債 | 100 |
|---|---|---|---|
| | | 資本金等の額 | 50 |
| | | 利益積立金額 | 50 |

**(注)** 総資産の時価は 500、総負債の時価は帳簿価額と同額である。

　②　合併法人 B 社の合併による増加資本金額　　30

　③　A 社の株主が保有する A 社株式の帳簿価額　　50

⑵　被合併法人の税務上仕訳

【借方】総負債　　　　　　100【貸方】総資産　　　　　　200

【借方】B 社株式　　＊400【貸方】譲渡益　　　　　　300

　　　　＊総資産の時価額 500 から総負債 100 を控除した額

　被合併法人は時価により譲渡を行なったものと考えるため，本ケースでは譲渡益が発生し，課税対象とされる。

【借方】譲渡益　　　　　　300【貸方】利益積立金額　　300

　譲渡益は，利益積立金額の増加要因となる。

　※実際にこのような仕訳を計上することはない。

【借方】資本金等の額　　50【貸方】B 社株式　　　　　400

【借方】利益積立金額　＊350

　　　　＊従前の利益積立金額 50 に譲渡益 300 を加算した額

　A 社の株主へ B 社株式を交付する処理である。利益積立金額については，みなし配当として株主に対して配当課税が発生する。下記⑷参照

⑶　合併法人 B 社の税務仕訳

【借方】総資産　　　　　　500【貸方】総負債　　　　　　100

　　　　　　　　　　　　　　　　【貸方】資本金の額　　　　30

　　　　　　　　　　　　　　　　【貸方】資本金等の額　　370

　A 社から時価により受け入れることとなり，全額が資本金等の増加とされる。

⑷　被合併法人 A 社の株主の処理

　非適格合併の場合には，その取得価額は A 社株式の帳簿価額と同額となる。したがって，譲渡損益やみなし配当は発生しない。

【借方】B 社株式　　　　400【貸方】A 社株式　　　　50
　　　　　　　　　　　　　　　【貸方】配当収入　　　 350

# 第22章 税額の計算

## 1 法人税額の計算

法人の各事業年度の所得金額に対する税額の算式を示せば次のようになる。

(1) 期末資本金の額等が1億円以下の普通法人等，人格のない社団等

① 当期の所得金額 ≦ 800万円 × $\dfrac{\text{当期の月数}}{12}$ の場合

所得金額 × 19(15)% = 法人税額

② 当期の所得金額 > 800万円 × $\dfrac{\text{当期の月数}}{12}$ の場合

(イ) (800万円 × $\dfrac{\text{当期の月数}}{12}$) × 19(15)%

(ロ) (所得金額 − 800万円 × $\dfrac{\text{当期の月数}}{12}$) × 23.2%

(ハ) (イ) + (ロ) = 法人税額

(2) 期末資本金の額等が1億円を超える普通法人等

所得金額 × 23.2% = 法人税額

なお，課税の対象となる所得金額に1,000円未満の端数があるときは，これを切捨てる。

> **(注)** ①(1)の法人については，平成24年4月1日から令和7年3月31日までの間に開始する各事業年度における所得金額800万円以下の部分について，19%ではなく15%の税率を適用する。（一部適用除外者あり）
> ②法人税の税率はP3を参照すること

> **(参考)** 使途秘匿金がある場合
> 　使途秘匿金の支出がある場合には，通常の法人税額とは別に，その支出額の40%相当額が追加で課税される。
> 　使途秘匿金の支出とは，法人がした金銭の支出（贈与，供与その他これらに類する目的のためにする金銭以外の資産の引渡を含む。）のうち，相当の理由がなく，その相手方の氏名等を帳簿書類に記載していないものをいう。使途秘匿金の支出により費用の額に計上されている場合には，税務調整が必要となる。
> 　税務調整：使途秘匿金加算（加算社外流出）

# 第23章 同族会社と留保金課税

## 1 同族会社に対する特別な取扱い

　同族会社とは，株主等3人（その親族等同族関係者を含む。）以下で，発行済株式総数又は出資金額の50%超を保有されている会社をいう。

　また，株主等とは，株主又は合名会社，合資会社，合同会社の社員その他法人の出資者をいう。

(1) 同族会社の行為又は計算の否認

　　税務署長は，内国法人である同族会社等に係る法人税につき更正又は決定をする場合において，その法人の行為又は計算で，これを容認した場合に法人税の負担を不当に減少させる結果となると認められるものがあるときは，その行為又は計算にかかわらず，税務署長の認めるところにより，その法人に係る法人税の課税標準若しくは欠損金額又は法人税の額を計算することができる。

(2) 留保金の特別課税

　　同族会社にあっては，大株主が経営者であるということが多く，例えば利益金の配当を少なくして，配当金に課される所得税を免れるなど，課税上有利な会計処理が行われやすく，税負担の不公平を招くおそれがある。従って，会社に留保した一定額以上の利益に対しては，特別な法人税が課されることになっている。

(3) 役員の認定及び使用人兼務役員の制限

## 2 留保金の特別課税

　特定同族会社には次の算式で計算された課税留保金額に応じ，その金額に特別税率を乗じた金額が税金として加算される。ただし，事業年度終了のときにおける資本金の額又は出資金の額が1億円以下の法人（資本金の額から5億円以上の法人の100%子会社法人等を除く）に対しては，適用が除外される。なお特定同族会社とは，同族会社のうち1株主グループで株式等の50%超を保有される会社である。

**課税留保金額＝留保金額－留保控除額**

| 1年間の課税留保金額 | 特別税率 |
|---|---|
| 3,000万円以下の金額 …………………………………… | 10% |
| 3,000万円超～1億円以下の金額 ……………………… | 15% |
| 1億円超の金額 ………………………………………… | 20% |

(注1) **留保金額**
当期の所得等の金額から配当，賞与など社外流出したものを差引いた額（つまり別表四「留保」欄の最下欄の金額）から，更に当期の法人税，住民税を控除し，受取配当等の益金不算入額などを加えた金額をいう。

(注2) **留保控除額**
次に掲げる金額のうち最も多い金額である。

(1) 所 得 基 準 額　　当期所得金額 $\times \dfrac{40}{100}$ $\left(\begin{array}{l}\text{当期所得金額は別表四の総計欄の総額の金額に受取配当等の益金}\\\text{不算額及び収用等の特別控除額を加算した金額である。}\end{array}\right)$

(2) 定 額 基 準 額　　年2,000万円

(3) 積立金基準額　　$\begin{array}{l}\text{期末の資本金の額}\\\text{又は出資金の額}\end{array} \times \dfrac{25}{100}$ － 期末利益積立金 ‥‥‥‥‥‥

利益積立金というのは，過去の事業年度の所得のうち留保している金額（原則として期首現在利益積立金額）の合計額をいう。前期分法人税，住民税として納めるべき金額は含まれないし，当期に損金経理を否認された準備金，引当金などもこの積立金には関係ない。

# 第24章 税額控除

## 1 所得税額の控除

　法人が預貯金の利子等を受ける場合には，15%（復興特別所得税加算後は15.315%）の所得税が源泉徴収される。また法人が非上場株式等の配当等を受ける場合には，20%（復興特別所得税加算後は20.42%），上場株式等の配当等を受ける場合には15%（復興特別所得税加算後は 15.315%）の所得税が源泉徴収される（法人が受ける株式等の配当等については，住民税の源泉徴収はない）。しかし，この所得税は法人税の前払と考えられるため，その事業年度の所得に対する法人税額から控除するという方法をとることができる。この場合，源泉徴収された所得税は法人税申告書「別表四」において当期利益に加算しなければならない。

(1) 法人が支払を受ける公社債及び預貯金の利子，合同運用信託，公社債投資信託などに係る所得税等の額の全額は，原則として所得税額控除の対象となる。ただし，次のようなものに係る所得税等の額については，元本の所有期間に対応する部分の額のみが所得税額控除の対象になる。なお，税額控除の対象とならない所得税額等の額は，その事業年度の損金の額に算入される。

　① 法人から受ける剰余金の配当（資本剰余金によるものなどを除く。），利益や剰余金の分配（みなし配当などを除く。）

　② 集団投資信託の収益の分配

　③ 一定の短期公社債以外の割引債の償還差益

　　なお，上記以外に係る所得税額等（例えば預金利子など）は所有期間按分を要しないので，その全額が税額控除の対象となる。

(2) 所有期間対応分の計算

　① 個別法

　　元本の銘柄ごとに，所有期間の月数ごとに次に算式により計算する。

$$控除対象所得税額等 = 利子配当等に係る所得税等の額 \times \left(所有期間割合 = \frac{A}{B}\right)$$

　　　A ＝ Bの期間のうちその元本を所有していた期間

　　　B ＝ 利子配当等の計算の基礎となった期間の月数

　　なお，所有期間割合は，小数点以下３位未満の端数を切り上げて計算する。

　② 簡便法

　　利子配当等に係る元本を「株式等」，「集団投資信託の受益権」に区分し，その銘柄ごとに次の算式により計算する。

$$控除対象所得税額等 = その所得税等の額 \times \left\{ 所有元本割合 = \frac{A + (B - A^{(注)}) \times \frac{1}{2}}{B} \right\}$$

　**(注)** ０円未満の場合は０となる。

　　なお，所有元本割合は，小数点以下３位未満の端数を切り上げて計算する。

　　　A ＝ 利子配当等の計算の基礎となった期間の開始時に所有していた元本の数

　　　B ＝ 利子配当等の計算の基礎となった期間の終了時に所有していた元本の数

---

**（参考）** 用語の意義

合同運用信託：信託会社が引き受けた金銭信託で，共同しない多数の委託者の信託財産を合同して運用するものをいう。

証券投資信託：証券投資信託，及びこれに類する外国投資信託をいう。

公社債投資信託：証券投資信託のうち，その信託財産を公債又は社債（一定の債券を含む。）に対する投資として運用することを目的とするもので，株式又は出資に対する投資として運用しないものをいう。

集団投資信託：次に掲げる信託をいう。

　　　　　　イ　合同運用信託
　　　　　　ロ　証券投資信託（一定のもの）
　　　　　　ハ　特定受益証券発行信託

**（参考）** 名義書換え失念株の配当等に対する所得税の控除

　法人が，その有する株式等を譲渡した場合において，その名義書換えが行われなかったため，当該譲渡した株式等に係る剰余金の配当等の額を受けたときは，その金額は，株主等の地位に基づいて受けたものではないから，これについて課された所得税の額については，所得税額の控除の規定の適用はないものとする。ただし，剰余金の配当等の権利落後その支払に係る基準日までの間に譲渡した株式等について剰余金の配当等の額を受けたときにおける当該剰余金の配当等の額について課された所得税の額については，この限りでない。

**（参考）** 未収利子又は未収配当等に対する所得税の控除

　法人が各事業年度終了の日までに支払を受けていない利子及び配当等を，その事業年度において収益として計上し，その利子及び配当等につき納付すべき所得税の額をその事業年度の法人税額から控除し，又はその控除しきれない額に相当する所得税の還付を請求した場合には，その控除又はその請求は認められる。

## 2 所得税額等の還付

　確定申告書の提出があった場合において，その申告書に所得税額等の控除不足額（法人税額から控除しきれない所得税額等のこと）の記載があるときは，その金額に相当する所得税額等の還付を受けられる。

## 3 外国税額控除

(1) 概要

　内国法人が海外支店等の所得などについて，現地の法令に基づき課税される法人税に相当する税（外国法人税）や，国外法人から受ける利子や配当などに課税された源泉徴収外国税を納付することとなる場合には，控除対象外国法人税の額として一定の方法により計算した控除限度額とのいずれか少ない方の金額を，当期の法人税額から控除し，控除しきれない金額は還付される。

(2) 控除限度額を超える場合

　法人税の控除限度額を超える控除対象外国税額等は，当事業年度前3年以内の控除不足額を利用，或いは，超過額を3年間繰越すことが可能である。

(3) 控除対象となる外国法人税

　外国税額控除の対象となるのは，外国法人税の額のうち，所得に対する負担が効率な部分として一定の金額*を除いた金額となる。

- - - - - - - - - - - - - - - - - - - - - - - - - - - - - - - - - - - - - - - - - - - - - - - - - - - - - - - - - - - - - - -

　＊　外国法人税の課税標準額の35％相当額を超える部分の金額

(4) 法人税の控除限度額

$$控除限度額＝法人税額 \times \frac{調整国外所得金額}{所得金額}$$

## 4 試験研究を行った場合の特別控除（中小企業技術基盤強化税制）

この制度は，青色申告書を提出する中小企業者等の各事業年度の所得の金額の計算上，損金の額に算入される試験研究費の額がある場合に，その事業年度の法人税額から，一定金額を控除することができる制度である。

**(注)** 試験研究費とは、製品の製造又は技術の改良・考案もしくは発明にかかる一定の費用をいう。

⑴ 対象となる法人

中小企業者等

⑵ 税額控除限度額（令和5年4月1日～令和8年3月31日までに開始する事業年度）

試験研究費の額×税額控除割合（小数点以下3位未満切捨）

⑶ 税額控除割合

① 税額控除割合は次のいずれかの算式により計算する。（上限割合17%）

・増減試験研究費割合＞12%の場合 → 12%＋（増減試験研究費割合－12%）× 0.375

・増減試験研究費割合≦12%の場合 → 12%

＊小数点以下3位未満切捨

＊増減試験研究費割合とは，

$$\frac{当期の試験研究費の額－比較試験研究費の額}{比較試験研究費の額}$$

＊比較試験研究費の額とは，適用年度開始の日前3年以内に開始した各事業年度の試験研究費の額の合計額をその各事業年度の数で除して計算した金額となる。

② 試験研究費割合が10%を超える場合は税額控除割合は①の割合に次の控除割増率を乗じた割合を加算する。（上限割合17%）

（試験研究費割合－10%）× 0.5

＊試験研究費割合は次の算式により計算する

$$\frac{試験研究費の額}{平均売上金額}$$

平均売上金額は，その事業年度及びその事業年度開始の日前3年以内に開始した各事業年度の売り上げ金額の平均額となる。

⑷ 中小企業者等控除上限額の特例

控除限度額は調整前法人税額の25%であるが，次のいずれかの割合を加算できる。

① 増減試験研究費割合が12%を超える場合は，中小企業者等控除上限額の計算における割合に10%を加算する。

② 試験研究費割合が10%を超える場合には，中小企業者等控除上限額の計算における割合に，次の算式より計算した割合（上限10%）を加算する。

（試験研究費割合－10%）× 2（小数点以下3位未満切捨）

## 5 特別試験研究費がある場合（オープンイノベーション型）

⑴　特別試験研究費の額

　試験研究費のうち一定の試験研究にかかるもので，契約等に基づき行われる研究にかかる費用である。上記［3］の適用を受ける金額を除く。

⑵　控除額

　・大学や特別試験研究機関等との共同・委託研究　→ 30%

　・企業間等→ 20%（一定のベンチャー企業等の場合は 25%）

⑶　控除限度額

　調整前法人税額の 10% 相当額

## 6 中小企業者等が機械等を取得した場合の特別控除

⑴　概要

　青色申告書を提出する中小企業者等が平成 10 年 6 月 1 日から令和 7 年 3 月 31 日までの期間（以下「指定期間」という。）内に新品の機械装置等を取得し，指定事業の用に供した場合に，その指定事業の用に供した日を含む事業年度において，特別償却または税額控除を受けることができる。

　①　税額控除限度額

　　基準取得価額の 7% 相当額

　　なお，税額控除の控除上限は，この制度における税額控除および「中小企業者等が特定経営力向上設備等を取得した場合の特別償却又は法人税額の特別控除制度」における税額控除の合計で，その事業年度の調整前法人税額の 20% 相当額を上限とされる。

　②　税額控除限度超過額の繰越し

　　税額控除限度額がその事業年度の法人税額の 20% 相当額を超えるため，その事業年度において税額控除限度額の全部を控除しきれなかった場合には，その控除しきれなかった金額（以下「繰越税額控除限度超過額」という。）について，1 年間の繰越しが認められる。

　③　適用対象資産

　　この制度の対象となる資産（以下「特定機械装置等」という。）は，新品の次に掲げる資産で，指定期間内に取得等し，指定事業の用に供したものである。ただし，貸付けの用に供する資産は，特定機械装置等には該当しない。

　　㈄　機械および装置で，1 台または 1 基の取得価額が 160 万円以上のもの

　　㈠　製品の品質管理の向上等に資する測定工具および検査工具で，1 台または 1 基の取得価額が 120 万円以上のもの

　　㈥　上記㈠に準ずるものとして測定工具および検査工具の取得価額の合計額が 120 万円以上であるもの（1 台または 1 基の取得価額が 30 万円未満であるものを除く。）

　　㈡　ソフトウェア（複写して販売するための原本，開発研究用のもの，またはサーバー用のオペレーティングシステムのうち，一定のものなどは除く。以下同じ。）で，次に掲げるいずれかのもの

　　　a．一のソフトウェアの取得価額が 70 万円以上のもの

　　　b．その事業年度において事業の用に供したソフトウェアの取得価額の合計額が 70 万円以上のもの

　　㈦　車両および運搬具のうち一定の普通自動車で，貨物の運送の用に供されるもののうち車両総重量が 3.5 トン以上のもの

　　㈥　その他一定のもの

## 7 その他の税額控除

　その他には次のようなものがある。
- 各種の投資税額控除
- 仮装経理に基づく過大申告の場合の更正に伴う法人税額の控除
　など

# 第25章 申告と納税

## 1 確定申告

(1) 確定申告期限

　各事業年度が終了するとその終了の日の翌日から原則として2カ月以内に，確定した決算に基づいて法人税の額等を記載した確定申告書を作成し，貸借対照表，損益計算書，その他の書類を添付して税務署長に提出しなければならない。

(2) 申告期限の延長

① 1ヶ月延長

　定款等の定めにより，各事業年度終了の日の翌日から2ヶ月以内に定時総会が招集されない常況にある場合には，原則の申告期限を1ヶ月延長させることができる。

② 申告期限延長の特例

　会計監査人を置き，かつ，定款等の定めにより，各事業年度終了の日の翌日から3ヶ月以内に定時総会が招集されない常況にある場合には，4ヶ月を超えない範囲内において，税務署長が指定する月数の期間，原則の申告期限を延長させることができる。

## 2 中間申告

(1) 事業年度が6カ月を超える法人については，下記(2)①の算式により計算した金額が10万円を超える場合には期首から6カ月目で中間申告をしなければならない。申告書の提出期限は，その事業年度開始の日以後6カ月を経過した日から2カ月以内である。この中間申告には次の二つの方法がある。

(2) 納税額等

① 予定申告書　　　予定申告書納税額＝前期分の法人税額×$\dfrac{6}{前期の月数}$

　予定申告納税額が10万円以下又はその金額がないときはその申告書を出す必要はない。

② 仮決算による中間申告書

(3) 期限までに予定申告書も中間申告書も提出されなかった場合は，(2)①の予定申告書が提出されたものとみなされる。

## 3 期限後申告

　法定申告期限が過ぎても，税務署長から決定があるまでは，申告書提出が認められる。これを期限後申告という。

## 4 修正申告

　申告した税額に不足額がある，又は，欠損金額の申告が過大，あるいは，還付金額が過大であった場合は，修正申告書を出して正当な額に修正することができる。

## 5 更正の請求

会社の計算した課税標準額等又は税額等が過大であったこと等の誤りを発見したときは，申告書の提出期限から5年以内に限って，税額を少なくするため更正の請求をすることができる。

## 6 納付

確定申告等を提出した内国法人は，その申告書に記載した法人税の額があるときは，原則として申告書の提出期限までにその金額に相当する法人税を，国に納付しなければならない。

## 7 更正と決定（所轄税務署長⇒納税者）

⑴　更正

納税者が提出した確定申告書に記載されている所得金額などに誤りがあるときは，修正申告書の提出がない限り，税務署長は調査したところにより所得金額などを更正して，納税者に通知する。これを「更正」という。なお，その納税者が青色申告者であるときは，帳簿書類を調査したうえ，更正理由を付記して，更正の通知をする。

⑵　決定

確定申告をしなければならない人が申告を怠った場合には，税務署長の調査によって所得金額などを決定する。これを「決定」という。この場合，決定を受けた人は，決定通知書の発送日から1か月以内に納税しなければならない。

> **(注1)** 更正の通知や決定の通知を受けた場合には，過少申告加算税や無申告加算税（または，これらのかわりに重加算税）などが課される。
> **(注2)** 更正や決定に不服がある場合には，税務署長に対して異議申立て，さらに，異議申立ての決定に不服がある場合には，国税局長に対して審査請求を行うことができる。

## 8 延滞税・加算税

延納届出をせずに法定納期限までに納付しなかった税額等については，法定期限の翌日から完納日までの期間に応じ，延滞税がかかる。

加算税としては，過少申告加算税，無申告加算税，重加算税がある。

## 9 法人の解散及び清算

⑴　法人が解散した場合の確定申告（解散事業年度）

法人が解散した場合には，その事業年度開始の日から，解散の日までを一の事業年度とみなして確定申告が必要になる。なお，税額が発生する場合の納付期限は，その事業年度終了の日の翌日から二月以内である。

⑵　清算中の事業年度の確定申告

法人が解散し，清算業務を進めていく場合には，適用される法令により異なるが，原則として，その解散の日の翌日から1年毎に確定申告が必要となる。なお，税額が発生する場合の納付期限は，その事業年度終了の日の翌日から二月以内である。

⑶　残余財産が確定した場合の確定申告

清算処理が完了し，残余財産が確定した場合には，その残余財産確定の日の翌日から一月以内に

確定申告書を提出し，その期間までに税額を国に納付しなければならない。

> **（参考）**　期限切れ欠損金の損金算入
> 　　　　清算中の事業年度において残余財産がないと見込まれる場合には，青色欠損金の期限切れ欠損金の損金算入が
> 　　　　認められる。
>
> **（参考）**　株主の税務
> 　　　　残余財産が確定した場合において，株主が，その残余財産の分配を受けた場合に，受けた金額が，資本金等の
> 　　　　額のうち，その交付基因となった株式等に対応する部分の金額を超える場合には，その超える部分の金額は，
> 　　　　みなし配当とされる。

# 第26章 練習問題

## 第1問 減価償却超過額

次の資料に基づき甲株式会社の当期（自令和6年4月1日　至令和7年3月31日）において調整すべき金額を計算しなさい。

＜資料＞

1. 当期における減価償却資産及び償却の明細は以下の通りである。

| 種類等 | 取得価額 | 当期償却費 | 期末帳簿価額 | 法定耐用年数 | 償却方法 | (注) |
|---|---|---|---|---|---|---|
| 倉庫用建物 | 43,000,000円 | 3,200,000円 | 39,800,000円 | 24年 | 定額法 | 1 |
| 貨 物 車 輌 | 2,980,000円 | 1,489,999円 | 1円 | 5年 | 定率法 | 2 |
| 備　　　品 | 850,000円 | 112,215円 | 1円 | 8年 | 定率法 | 3 |

（注1）倉庫用建物は、令和6年7月15日に既に10年5か月を経過した中古建物を43,000,000円で購入したもので、事業に供するに当たり、用途変更のための改装費用26,000,000円を支出して損金経理している。

なお、この建物を建築するとすれば55,500,000円を要すると認められ、残存使用可能期間を見積もることは困難である。

（注2）貨物車輌は令和5年4月1日に取得し事業の用に供したものであるが、繰越償却超過額298,000円がある。

（注3）備品は令和2年4月1日に取得し事業の用に供したものであるが、繰越償却超過額89,494円がある。

2. 減価償却資産の耐用年数に応ずる償却率等は、次のとおりである。

(1) 平成24年4月1日以後に取得された減価償却資産の償却率、改定償却率及び保証率

| 耐用年数 | 5年 | 8年 | 15年 | 17年 | 24年 |
|---|---|---|---|---|---|
| 定 額 償 却 率 | 0.200 | 0.125 | 0.067 | 0.059 | 0.042 |
| 定 率 償 却 率 | 0.400 | 0.250 | 0.133 | 0.118 | 0.083 |
| 改 定 償 却 率 | 0.500 | 0.334 | 0.143 | 0.125 | 0.084 |
| 保 　 証 　 率 | 0.10800 | 0.07909 | 0.04565 | 0.04038 | 0.02969 |

## 第2問　繰延資産

　次の資料に基づき甲株式会社の当期（自令和6年4月1日　至令和7年3月31日）において調整すべき金額を計算しなさい。

＜資料＞

(1) 当期の5月10日に広告宣伝の用に供する資産を贈与したことにより生じた費用3,000,000円を支出し全額当期の費用に計上している。当該費用は繰延資産（広告宣伝用資産を贈与した費用）に該当し、償却期間は5年として計算すること。

(2) 当期の8月19日に、公共的施設の設置のために支出する費用150,000円を支出した。当該施設は甲社が専ら使用するものである。なお、解答が不要な箇所は空欄でよいものとする。

## 第3問　寄附金の取扱い

　次の資料に基づき、甲株式会社（以下「甲社」という。）の当期（自令和6年4月1日　至令和7年3月31日）において調整すべき金額を計算しなさい。

＜資料＞

（1）当期の費用に計上した寄附金の総額は9,025,000円であり、その内訳は次のとおりである。

| ① | 同業者に対する寄附金 | 1,875,000円 |
| ② | 特定公益増進法人に対する寄附金 | 1,100,000円 |
| ③ | 国、地方公共団体に対する寄附金 | 450,000円 |
| ④ | 宗教法人に対する寄附金 | 1,800,000円 |
| ⑤ | 公立学校に対する寄附金 | 400,000円 |
| ⑥ | 某政治団体に対する寄附金 | 3,400,000円 |

(2) 甲社の当期末における資本金等の額は30,000,000円である。

(3) 法人税別表4における仮計の金額は63,934,750円である。

## 第4問　交際費等の損金不算入(1)

　次の資料に基づき甲株式会社（以下「甲社」という。）の当期（自令和6年4月1日　至令和7年3月31日）において調整すべき金額を計算しなさい。

＜資料＞

1. 当期において損金経理により計上した接待交際費勘定の内訳は次の通りである。

| ① | 当期において試供品の供与に要した費用の額 | 320,000円 |
| ② | 得意先・仕入先の役員・従業員の慶弔・禍福に要した費用の額 | 1,300,000円 |
| ③ | 甲社従業員の慶弔・禍福に要した費用の額（社内規定に基づく） | 200,000円 |
| ④ | 得意先・仕入先等に対する、中元・歳暮の贈答に要した費用 | 1,200,000円 |
| ⑤ | 得意先を野球に招待した際に要した費用の額 | 460,000円 |
| ⑥ | 得意先・仕入先等に対する飲食接待費用<br>（1人あたり10,000円以下の額） | 900,000円 |
| ⑦ | 得意先・仕入先等に対する飲食接待費用<br>（1人あたり10,000円超の額） | 2,180,000円 |
| ⑧ | 甲社の60周年記念式典に要したもので得意先に対する費用 | 1,565,000円 |
| ⑨ | 得意先をゴルフで接待した際に支出したプレー代金 | 410,000円 |

2. 売上割戻し勘定に、得意先を旅行に招待するために支出した金銭の額が、1,500,000円あるが、甲社は得意先を旅行に招待する際には、一旦預り金として処理し、一定額に達するまで積み立てることとしている。今回の招待に伴い前期に預り金として積み立てていた1,000,000円を取り崩し、あわせて支出している。なお、この積立金に関する前期の税務調整は適正に行われているものとする。

3. 当期中において土地を取得しているが、土地購入に際して地主を料亭で接待した飲食費用（1人あたり10,000円超のものである）で、土地の取得価額に算入したものが220,000円ある。

4. 甲社の期末資本金の額は70,000,000円である。

## 第 5 問　交際費等の損金不算入(2)

次の資料に基づき、甲株式会社（以下「甲社」という。）の当期（自令和 6 年4月 1 日　至令和 7 年3月 31 日）において調整すべき金額を解答欄にしたがって計算しなさい。

[資料]

1．当期において損金経理により計上した接待交際費勘定の内訳は次のとおりである。

| | |
|---|---|
| ①当期において試供品の供与に要した費用の額 | 1,000,000 円 |
| ②得意先・仕入先等の役員・従業員の慶弔・禍福に要した費用の額 | 515,600 円 |
| ③甲社従業員の慶弔・禍福に要した費用の額（社内規定に基づくものである。） | 640,000 円 |
| ④得意先・仕入先等に対する、中元・歳暮の贈答に要した費用の額 | 1,459,400 円 |
| ⑤得意先を野球に招待した際に要した費用の額 | 910,000 円 |
| ⑥得意先・仕入先等を飲食店で接待した 1 人あたり 10,000 円以下の飲食費用の額（税務上適正に処理されている。） | 525,000 円 |
| ⑦得意先・仕入先等を飲食店で接待した 1 人あたり 10,000 円を超える飲食費用の額 | 1,819,100 円 |
| ⑧甲社の 25 周年記念式典に要したもので得意先に対する費用の額 | 1,111,100 円 |

2．売上割戻し勘定のうち、得意先を旅行に招待するために支出した金銭の額が 2,500,000 円あるが、甲社は得意先を旅行に招待するときには、預り金として一定額に達するまで積み立てることとしている。今回の招待に伴い前期に預り金として積み立てていた 500,000 円を取崩し、併せて支出している。

なお、この積立金については前期において適正に税務調整が行われている。

3．当期中において土地を取得しているが、土地購入に際して地主を料亭で接待した飲食費用（1 人当たり 10,000 円以下のものは含まれていない。）で、土地の取得価額に算入したものが 304,000 円ある。

4．甲社の期末資本金の額は 80,000,000 円である。

次の資料に基づき内国法人である甲株式会社（以下「甲社」という。）の当期（自令和6年4月1日至令和7年3月31日）において調整すべき金額等について、次の各問に解答しなさい。

1．甲社は中小法人等及び中小企業者等（適用除外事業者には該当しない）に該当する。

2．税法上選択できる計算方法が2以上ある事項については、問題に指示されている事項を除き、当期の法人税額が最も少なくなる計算方法によるものとする。

3．問題に指示されている以外の事項は、考慮する必要はない。

【資　料】甲社の役員等に関する事項

1．株主等の構成及び報酬等の支給に関する事項

| 氏名 | 役職名 | 関係 | 持株数 | 報酬等 |
|---|---|---|---|---|
| A | 代表取締役社長 | | 1,700 株 | 16,800,000 円 |
| A' | 取締役営業部長 | A の長男 | 1,050 株 | 10,200,000 円 |
| B | 専務取締役 | | 1,000 株 | 15,600,000 円 |
| C | 非常勤取締役 | | 500 株 | 3,000,000 円 |
| C' | 監査役 | C の妻 | 250 株 | 3,000,000 円 |
| その他 | | | 500 株 | |

(1)　甲社の発行済み株式数は5,000株であり、その他の株主はいずれも持株割合1%未満の少数株主であり、他の株主と特殊関係にある株主はいない。また、当期中における所有株式数に変動はない。

(2)　上記表中の報酬等は全て損金経理の上で、毎月末に同額を支給している。

(3)　取締役営業部長A'は、職制上使用人たる地位を有し、常時使用人としての職務に従事している。なお、報酬等のうち、6,000,000円は使用人分として支給したものである。

(4)　各役員の職務内容等に照らした報酬等の相当額は、代表取締役社長Aは14,400,000円、専務取締役Bは12,000,000円が適正な額であり、その他の者には不相当に高額な支給はない。

問1　甲社が同族会社に該当するかどうかの判定を示しなさい。

　　　上位3位の株主グループの持株割合の合計を計算し、同族会社に該当するか否かを記入しなさい。なお、持株割合の合計の計算に当たっては、パーセントで求めることとし、端数が生じる場合には、便宜上パーセントで求めた値の小数点以下を切捨てること。

問2　取締役営業部長A'が使用人兼務役員に該当するかどうかの判定を示しなさい。

問3　税務調整すべき役員給与の損金不算入額を求めなさい。

## 第7問　貸倒引当金(1)

　甲株式会社（以下「甲社」という。）は、当期（自令和6年4月1日　至令和7年3月31日）の期末資本金の額が30,000,000円の小売業を営む非同族会社である。次の資料に基づき、甲社の当期における税務調整すべき金額を計算しなさい。

＜資料＞

（1）当期末現在の貸借対照表に計上されている債権等（貸倒引当金控除前）の金額は、次のとおりである。

① 受取手形　28,366,000円　④ 未収入金　　350,000円

② 売 掛 金　64,150,000円　⑤ 前 渡 金　　426,350円

③ 貸 付 金　19,650,000円

(2) 上記(1)に掲げる債権につき、以下のような留意事項がある。

① 受取手形は、すべて売掛金の回収のために取得したものであるが、この他貸借対照表に脚注表示された割引手形が1,634,000円ある。

② 売掛金のうち4,150,000円は、A社に対するものであるが、甲社はA社に対して買掛金3,195,600円及び支払手形1,304,400円がある。

③ 貸付金のうち10,000,000円は、B社に対するものであるが、B社について当期中に会社更生法の規定による更生計画の認可の決定があり、甲社の有する債権につき次の事実が決定した。なお、この貸付金についてB社所有の土地（時価3,000,000円）が担保に供されている。

　　イ．債権額のうち1,000,000円は切り捨てる。

　　ロ．債権額のうち3,000,000円は令和17年5月20日まで棚上げとする。

　　ハ．残額の6,000,000円は令和7年5月20日を第1回として毎年5月20日に600,000円を10回の年賦により均等払いで支払う。

　　甲社は、上記決定に関し、10,000,000円を損金経理により個別評価金銭債権に係る貸倒引当金として繰り入れているが、切捨額及び棚上げ額については何ら処理していない。

(3) 実質的に債権とみられないものの額の簡便法による控除割合は0.032115とする。

(4) 甲社の過去3年間における税務上の期末一括評価金銭債権の帳簿価額の状況、売掛債権等についての貸倒損失額の発生状況は次のとおりである。

| 事 業 年 度 | 各事業年度末における<br>一括評価金銭債権の帳簿価額 | 貸 倒 損 失 額 |
|---|---|---|
| R3.4.1　～　R4.3.31 | 109,729,371 円 | 1,732,440 円 |
| R4.4.1　～　R5.3.31 | 103,460,872 円 | 405,440 円 |
| R5.4.1　～　R6.3.31 | 108,429,757 円 | 866,221 円 |

(5) 甲社が当期において費用計上した一括評価金銭債権に係る貸倒引当金の繰入額は1,045,763円であり、また、前期において費用に計上した一括評価金銭債権に係る貸倒引当金の繰入額1,084,297円（うち繰入超過額43,687円）は、当期においてその全額を取崩して収益に計上している。

　内国法人である甲株式会社（以下「甲社」という。）は、当期（自令和6年4月1日　至令和7年3月31日）末の資本金の額が79,000,000円の卸売業を営む非同族会社である。次の資料に基づき、甲社の当期において調整すべき金額を解答欄にしたがって計算しなさい。

＜資料＞

(1) 当期末現在の貸借対照表に計上されている債権等（貸倒引当金控除前）の金額は、次のとおりである。

　　①　受取手形　　31,139,000円　　　　④　未収入金　　　　660,000円

　　②　売 掛 金　115,115,000円　　　　⑤　前 渡 金　　　1,450,000円

　　③　貸 付 金　　50,000,000円

(2) 上記(1)に掲げる債権につき、以下のような留意事項がある。

　　①　受取手形は、すべて売掛金の回収のために取得したものであるが、この他貸借対照表に脚注表示された割引手形が3,261,000円ある。

　　②　売掛金のうち3,500,000円は、D社に対するものであるが、甲社はD社に対して買掛金1,800,000円及び支払手形1,800,000円がある。

　　③　貸付金のうち20,000,000円は、E社に対するものであるが、E社については、当期中に会社更生法の規定による更生計画認可の決定があり、甲社の有する債権について、次の事実が決定した。なお、この貸付金についてE社所有の土地（時価8,000,000円）が担保に供されている。

　　　　イ．債権額のうち4,500,000円は切り捨てる。

　　　　ロ．債権額のうち5,500,000円は令和17年5月15日まで棚上げとする。

　　　　ハ．残額の10,000,000円は令和7年5月15日を第1回目として、毎年5月15日に、1,000,000円を10回の年賦により均等払いで支払う。

　　　　甲社は、上記決定に関し、2,500,000円を損金経理により個別評価金銭債権に係る貸倒引当金として繰り入れているが、切捨額及び棚上げ額については何も処理していない。

　　④　未収入金の内訳は、以下のとおりである。

　　　　イ．仕入割戻しに係るもの　　　70,000円

　　　　ロ．備品の譲渡代金　　　　　485,000円

　　　　ハ．未収配当金　　　　　　　105,000円

　　⑤　前渡金は商品の仕入れに係るものである。

(3) 実質的に債権とみられないものの額の簡便法による控除割合は0.01873である。

(4) 甲社の過去3年間における税務上の期末一括評価金銭債権の帳簿価額の状況、売掛債権等についての貸倒損失額の発生状況は次のとおりである。

| 事 業 年 度 | 各事業年度末における<br>一括評価金銭債権の帳簿価額 | 貸 倒 損 失 額 |
|---|---|---|
| R3.4.1　～　R4.3.31 | 184,555,000 円 | 1,711,000 円 |
| R4.4.1　～　R5.3.31 | 179,814,000 円 | 1,971,000 円 |
| R5.4.1　～　R6.3.31 | 176,935,000 円 | 1,805,000 円 |

(5) 甲社が当期において費用に計上した一括評価金銭債権に係る貸倒引当金の繰入額は 1,836,000 円であり、また、前期において費用に計上した一括評価金銭債権に係る貸倒引当金の繰入額 2,200,000 円（うち繰入超過額 537 円）は、当期においてその全額を取崩して収益に計上している。

## 第 9 問　保険差益の圧縮記帳(1)

次の資料に基づき甲株式会社（以下「甲社」という。）の当期（自令和 6 年 4 月 1 日　至令和 7 年 3 月 31 日）における取得した建物に係る圧縮限度額及び圧縮限度超過額並びに償却限度額及び減価償却超過額を計算しなさい。

＜資料＞

1．甲社は当期 7 月 3 日に倉庫用建物 D が火災により甲社所有の次の資産が全焼し、当期 8 月 25 日に火災保険金を取得した。

| 区　　分 | 被害直前簿価 | 保険金 | 備考 |
|---|---|---|---|
| 倉 庫 用 建 物 D | 42,000,000 円 | 55,000,000 円 | 前期以前の償却超過額<br>1,000,000 円がある |
| 棚 卸 資 産 | 13,000,000 円 | 12,000,000 円 | － |
| 合　　計 | 55,000,000 円 | 67,000,000 円 | － |

2．1．の火災に伴い滅失経費として支出した金額の内訳は次のとおりである。

なお、共通経費の各資産への配賦は、受取保険金の比によるのが合理的であると認められる。

(1) 新聞に謝罪広告を掲載した費用　　　　500,000 円
(2) 焼跡の整理費用　　　　　　　　　　1,500,000 円
(3) 倉庫用建物 D の取壊費用　　　　　　1,250,000 円
(4) 被災者への見舞金　　　　　　　　　　750,000 円

3．甲社は当期の 12 月 5 日に保険会社から保険金をもって下記に掲げる代替資産を取得し、直ちに事業の用に供している。

| 区分 | 取得価額(圧縮前) | 圧縮損<br>(損金経理) | 減価償却費<br>(損金経理) | 耐用年数 |
|---|---|---|---|---|
| 倉 庫 用 建 物 E | 58,000,000 円 | 10,000,000 円 | 421,052 円 | 38 年 |

4．甲社は、建物の減価償却方法として定額法を採用しており、倉庫用建物 B の耐用年数は 38 年（平成 19 年 4 月 1 日以降取得した資産に係る定額法償却率は 0.027）である。

次の資料に基づき、甲株式会社（以下「甲社」という。）の当期（自令和 6 年 4 月 1 日　至令和 7 年 3 月 31 日）における取得した建物に係る圧縮限度額及び圧縮超過額並びに減価償却限度額及び償却超過額を計算しなさい。

＜資料＞

1．甲社は当期 6 月 15 日に倉庫用建物が火災により全焼した。

　　なお、消失した資産の消失直前の帳簿価額は次のとおりであり、当期の費用に計上している。

　(1) 倉庫用建物 A　23,200,000 円

　(2) 商品　14,000,000 円

2．火災に伴い滅失経費として支出した金額の内訳は次のとおりである。

　　なお、共通経費の各資産への配布は、受取保険金の比によるのが合理的であると認められる。

　(1) 近隣への見舞金　　　　　　　　　　　650,000 円

　(2) 消防に要した費用　　　　　　　　　1,250,000 円

　(3) 焼跡の整理費用　　　　　　　　　　1,700,000 円

　(4) 新聞に謝罪広告を掲載した費用　　　1,150,000 円

3．甲社は、当期 9 月 12 日に保険会社から保険金として建物分 29,400,000 円、商品分 12,600,000 円を受け取った。

　　なお、受け取った保険金で焼失前と用途を同じくする建物を当期 12 月 10 日に 42,000,000 円で取得し、直ちに事業の用に供している。

4．甲社は、法人税法第 47 条《保険金等で取得した固定資産等の圧縮額の損金算入》の規定の適用を受け、次の金額を損金経理により計上している。

　(1) 倉庫用建物 B に係る圧縮損　　　　　4,200,000 円

　(2) 倉庫用建物 B に係る減価償却費　　　　661,500 円

5．倉庫用建物に係る耐用年数は 24 年（定額法償却率 0.042）である。

## 第11問　交換の圧縮記帳

　次の資料に基づき甲株式会社（以下「甲社」という。）の当期（自令和6年4月1日　至令和7年3月31日）において調整すべき金額を計算しなさい。

＜資料＞

(1) 当期の11月3日に甲社の所有する土地及び倉庫用建物とX社が所有する土地及び建物を交換したが、その明細は次のとおりである。

| 区　分 | 交換譲渡資産 | | 取得資産 |
| --- | --- | --- | --- |
| | 譲渡時の時価 | 譲渡直前の簿価 | 取得時の時価 |
| 土　　地 | 55,000,000円 | 28,350,000円 | 51,000,000円 |
| 倉庫用建物 | 27,000,000円 | 21,190,000円 | 30,000,000円 |
| 現　　金 | − | − | 1,000,000円 |
| 合　　計 | 82,000,000円 | 49,540,000円 | 82,000,000円 |

(2) 交換譲渡資産及び取得資産は、それぞれ甲社およびX社が10年以上所有していたものであり、甲社およびX社において交換のために取得したものではない。

(3) 取得資産は、X社において倉庫用に使用されたものであるが、甲社は、引き続き取得の日の翌日から倉庫として使用している。

(4) 甲社は、この交換に際して、譲渡経費2,460,000円を支払っており、当期の費用に計上している。また、交換差金として受け取った現金1,000,000円は当期の収益に計上している。

(5) 甲社は、この交換について法人税法第50条第1項《交換により取得した資産の圧縮額の損金算入》の規定の適用を受けることとして、取得資産について、土地圧縮損25,000,000円及び建物圧縮損6,000,000円を損金経理するとともに、同額を取得資産の帳簿価額から直接減額している。

　なお、交換により譲渡した倉庫用建物の減価償却については適正に処理がなされており、取得した倉庫用建物の減価償却については、見積耐用年数24年（定額法0.042、定率法0.083）で416,666円を当期の償却費として損金経理している。なお、甲社は償却方法について何ら届出をしていない。

次の資料に基づき甲株式会社（以下「甲社」という。）の当期（自令和6年4月1日　至令和7年3月31日）において調整すべき金額を計算しなさい。

＜資料＞

(1) 当期5月15日に土地収用法の規定により、甲社所有の倉庫及びその敷地が国に収用された。その内訳は次のとおりである。

| 区　　分 | 譲渡直前帳簿価額 | 対価補償金 | 譲渡経費 | 経費補償金 |
|---|---|---|---|---|
| 土　　地　E | 32,000,000円 | 55,600,000円 | 2,200,000円 | 1,600,000円 |
| 倉庫用建物E | 9,700,000円 | 25,000,000円 | | |
| 合　　計 | 41,700,000円 | 80,600,000円 | 2,200,000円 | 1,600,000円 |

（注1）経費補償金は譲渡経費に充てるために交付されたものである。

（注2）倉庫用建物については、繰越償却超過額が300,000円ある。

(2) 甲社は、収受した対価補償金及び経費補償金の額を当期の収益に計上した。譲渡資産の譲渡直前の帳簿価額及び譲渡経費は当期の費用に計上している。

なお、次の資産を代替資産として取得しており、取得後直ちに事業の用に供している。

| 区分 | 取得価額<br>（圧縮前） | 圧縮額 | 減価償却費 | 取得年月日 | 法定耐用<br>年　　数 |
|---|---|---|---|---|---|
| 土　　地　F | 45,000,000円 | 25,000,000円 | － | R5.9.20 | － |
| 倉庫用建物F | 30,000,000円 | 16,000,000円 | 263,440円 | R5.9.20 | 31年 |

（注）圧縮額及び減価償却費は、いずれも当期において損金経理により計上されたものである。

(3) 甲社は、減価償却資産の償却方法について何ら選定の届出をしていない。

なお、耐用年数31年に対応する定額法償却率は0.033である。

(4) 差益割合は一括して計算するものとする。

## 第 13 問　収容等の圧縮記帳(2)

　次の資料に基づき甲株式会社（以下「甲社」という。）の当期（自令和 6 年 4 月 1 日　至令和 7 年 3 月 31 日）において調整すべき金額を計算しなさい。

＜資料＞

(1) 当期 7 月 15 日に土地収用法の規定により、甲社所有の倉庫及びその敷地が国に収用されたが、その内訳は次のとおりである。

| 区　　分 | 譲渡直前帳簿価額 | 対価補償金 | 譲渡経費 | 経費補償金 |
|---|---|---|---|---|
| 土　　地　A | 34,150,000 円 | 50,000,000 円 | 3,100,000 円 | 2,100,000 円 |
| 倉庫用建物 A | 14,930,000 円 | 41,000,000 円 | 上記に含む | 上記に含む |
| 合　　計 | 49,080,000 円 | 91,000,000 円 | 3,100,000 円 | 2,100,000 円 |

　　(注 1) 経費補償金は譲渡経費に充てるために交付されたものである。

　　(注 2) 倉庫用建物 A については、繰越償却超過額が 420,000 円ある。

(2) 甲社は、収受した対価補償金及び経費補償金の額を当期の収益に計上し、譲渡資産の譲渡直前の帳簿価額及び譲渡経費は当期の費用に計上している。

　　なお、次の資産を代替資産として取得しており、取得後直ちに事業の用に供している。

| 区分 | 取得価額（圧縮前） | 圧縮額 | 減価償却費 | 取得年月日 | 法定耐用年　　数 |
|---|---|---|---|---|---|
| 土　　地　B | 52,500,000 円 | 24,000,000 円 | － | R5.10.10 | － |
| 倉庫用建物 B | 44,000,000 円 | 18,000,000 円 | 709,677 円 | 同上 | 31 年 |

　　(注) 圧縮額及び減価償却費は、いずれも当期において損金経理により計上されたものである。

(3) 甲社は、減価償却資産の償却方法については何ら選定の届出をしていない。

　　なお、耐用年数 31 年に対応する定額法償却率は 0.033 である。

(4) 差益割合は一括して計算するものとする。

次の資料に基づき甲株式会社（以下「甲社」という。）の当期（自令和 6 年 4 月 1 日　至令和 7 年 3 月 31 日）において調整すべき金額を計算しなさい。

＜資料＞

(1) 甲社は、当期 5 月 16 日、平成 5 年から東京都足立区内に所有している事務所用建物およびその敷地 140 ㎡を譲渡し、新たに地域再生法に規定する集中地域以外の地域にある土地 850 ㎡を取得し、そこに倉庫用建物を建築し、当期 12 月 20 日から事業の用に供している。

(2) 譲渡資産及び買換資産に関する資料は次のとおりである。

| 区　分 | 譲渡資産 | | 買換資産 |
|---|---|---|---|
| | 譲渡直前簿価 | 譲渡対価の額 | 取得価額 |
| 土　地 | 15,000,000 円 | 70,000,000 円 | 80,000,000 円 |
| 建　物 | 8,300,000 円 | 16,000,000 円 | 20,000,000 円 |
| 合　計 | 23,300,000 円 | 86,000,000 円 | 100,000,000 円 |

(注)譲渡した事務所用建物には、前期以前から繰り越されていた減価償却超過額が 300,000 円ある。

(3) この土地・建物の譲渡に際して不動産業者へ支出した仲介手数料 2,200,000 円及び買換資産である土地の取得に際して不動産業者へ支出した仲介手数料 3,300,000 円は、手数料として当期の費用に計上している。

(4) 甲社は、譲渡資産について、譲渡対価の額と譲渡直前簿価との差額を固定資産売却益として計上し、買換資産については、土地圧縮損 56,000,000 円、建物圧縮損 14,000,000 円、買換資産である倉庫用建物(法定耐用年数 31 年　定額法償却率 0.033)についての減価償却費 64,516 円を、それぞれの損金経理により計上している。

なお、計算にあたり差益割合は一括して計算すること。

## 第 15 問　受取配当等の益金不算入(1)

　次の資料に基づき甲株式会社（以下「甲社」という。）の当期（自令和 6 年 4 月 1 日　至令和 7 年 3 月 31 日）における受取配当等の益金不算入額を計算しなさい。

＜資料＞

(1) 当期において受け取った配当等の額は次のとおりであり、甲社は源泉徴収税額控除後の差引手取額を当期の収益に計上している。なお、復興特別所得税は考慮していない。

| 銘柄等 | 区分 | 配当等の計算期間 | 受取配当等の額 | 源泉徴収税額 | 差引手取額 | （注） |
|---|---|---|---|---|---|---|
| A株式 | 配当 | R5.4.1〜R6.3.31 | 1,580,000 円 | 316,000 円 | 1,264,000 円 | 1 |
| B株式 | 配当 | R5.10.1〜R6.9.30 | 940,000 円 | 188,000 円 | 752,000 円 | 2 |
| 銀行預金 | 利子 | − | 20,000 円 | 3,000 円 | 17,000 円 | − |

（注1）A株式（配当等の計算期間の初日における株式等保有割合 50%）は、令和 4 年 5 月 15 日に 94,800 株、令和 5 年 3 月 3 日に 63,200 株を取得しており、その後に異動はない。

（注2）B株式（配当等の計算期間の初日における株式等保有割合 32%）は、数年前から保有している。

(2) 関連法人株式等に係る控除負債利子の額の原則法による税務上適正額は 50,000 円であり、簡便法による税務上適正額は 80,000 円である。

## 第16問　受取配当等の益金不算入(2)

次の資料に基づき甲株式会社（以下「甲社」という。）の当期（自令和6年4月1日　至令和7年3月31日）における受取配当等の益金不算入額及び所得税額控除額を解答欄にしたがって計算しなさい。

＜資料＞

(1) 当期において受け取った配当等の額は次のとおりであり、甲社は源泉徴収税額控除後の差引手取額を当期の収益に計上している。なお、復興特別所得税は考慮していない。

| 銘柄等 | 区分 | 配当等の計算期間 | 受取配当等の額 | 源泉徴収税額 | 差引手取額 | (注) |
|---|---|---|---|---|---|---|
| A株式 | 配当金 | R5.4.1～R6.3.31 | 1,440,000円 | 288,000円 | 1,152,000円 | 1 |
| B株式 | 配当金 | R5.10.1～R6.9.30 | 850,000円 | 170,000円 | 680,000円 | 2 |
| 銀行預金 | 預金利子 | － | 90,000円 | 13,500円 | 76,500円 | － |

（注1）A株式（配当等の計算期間の初日における株式等保有割合38%）は、令和3年6月6日に42,000株、令和6年3月3日に6,000株を取得しており、その後に異動はない。

（注2）B株式（配当等の計算期間の初日における株式等保有割合17%）は、数年前から保有している。

(2) 関連法人株式等に係る控除負債利子の額の原則法による税務上適正額は44,000円であり、簡便法による税務上適正額は40,000円である。

## 第17問　所得税額控除

次の資料に基づき甲株式会社（以下「甲社」という。）の当期（自令和6年4月1日　至令和7年3月31日）における法人税額から控除される所得税額等を計算しなさい。

＜資料＞

(1) 当期において受け取った配当等の額は次の通りであり、甲社は源泉徴収税額控除後の差引手取り額を当期の収益に計上している。なお、復興特別所得税は考慮していない。

| 銘柄等 | 区分 | 配当等の計算期間 | 受取配当等の額 | 源泉徴収税額 | 差引手取額 | (注) |
|---|---|---|---|---|---|---|
| A株式 | 配当 | R5.4.1～R6.3.31 | 1,580,000円 | 316,000円 | 1,264,000円 | 1 |
| B株式 | 配当 | R5.10.1～R6.9.30 | 940,000円 | 188,000円 | 752,000円 | 2 |
| 銀行預金 | 利子 | － | 20,000円 | 3,000円 | 17,000円 | － |

（注1）A株式（配当等の計算期間の初日における株式等保有割合50%）は、令和4年5月15日に94,800株、令和6年3月3日に63,200株を取得しており、その後に異動はない。

（注2）B株式（配当等の計算期間の初日における株式等保有割合32%）は、数年前から保有している。

## 第18問　試験研究費の特別控除

　内国法人である甲株式会社（以下「甲社」という。）は、期末における資本金の額 30,000,000 円、資本金等の額 50,000,000 円の製造業を営む法人であり、中小法人等及び中小企業者等（適用除外事業者には該当しない）に該当する。設立以来毎期継続して青色の申告書によって適法に法人税の確定申告書を提出しており、当期（自令和6年4月1日 至令和7年3月31日）についても申告期限内に青色の申告書により法人税の確定申告を行う予定である。次の【資料】に基づき、当期の法人税額から控除される金額を以下の計算過程欄に従って記入しなさい。空欄は各自推定し、記入の必要のないことがある。この場合には、「－」と解答すること。

　なお、中小企業技術基盤強化税制の適用を受ける条件はすべて満たしているものとし、特別試験研究費の額に該当するものはない。また、次の【資料】で示す試験研究費の額は、すべて税務上適正な金額として損金の額に算入されているものとする。調整前法人税額は 45,000,000 円であるものとする。

参考資料（令和8年3月31日までに開始する事業年度の取扱い）

(1)　中小企業技術基盤強化税制の中小企業者等税額控除限度額の割合（税額控除割合）

　①　税額控除割合は次のいずれかの算式により計算するものとする。なお、本問においては、②の加算前の割合を、割増前税額控除割合とする。

　　増減試験研究費割合＞12％の場合　　　　12％＋（増減試験研究費割合－12％）×0.375

　　増減試験研究費割合≦12％の場合　　　　12％

　②　試験研究費割合が 10％を超える場合は税額控除割合は①の割合に次の控除割増率（上限10％）を乗じた割合を加算する。

　　　　　　　　　　　（試験研究費割合－10％）×0.5

(2)　中小企業者等控除上限額の特例

　①　増減試験研究費割合が 12％を超える場合は、中小企業者等控除上限額の計算における割合に10％を加算する。

　②　他の中小企業者等控除上限額の特例は、考慮しないものとする。

【資　料】

| | 試験研究費の額 | 売上高 |
|---|---|---|
| 令和6年4月1日～令和7年3月31日 | 101,700,000 円 | 854,600,000 円 |
| 令和5年4月1日～令和6年3月31日 | 86,000,000 円 | 723,900,000 円 |
| 令和4年4月1日～令和5年3月31日 | 97,000,000 円 | 911,000,000 円 |
| 令和3年4月1日～令和4年3月31日 | 87,000,000 円 | 764,900,000 円 |

次の資料に基づき甲株式会社（以下「甲社」という。）の当期（自令和 6 年 4 月 1 日　至令和 7 年 3 月 31 日）において調整すべき項目と金額を解答欄にしたがって記入しなさい。

＜資料＞

1．納税充当金の増減状況は次のとおりである。

| 区分 | 期首現在額 | 期中減少額 | 期中増加額 | 期末現在額 |
|---|---|---|---|---|
| 法人税 | 14,073,000 円 | 14,073,000 円 | 12,661,800 円 | 12,661,800 円 |
| 住民税 | 1,960,800 円 | 1,960,800 円 | 1,581,100 円 | 1,581,100 円 |
| 事業税 | 3,176,200 円 | 3,176,200 円 | 3,257,100 円 | 3,257,100 円 |
| 計 | 19,210,000 円 | 19,210,000 円 | 17,500,000 円 | 17,500,000 円 |

（注 1）期首現在額及び期中増加額は、前期及び当期において損金経理により引き当てたものである。

（注 2）期中減少額の金額は、前期分のそれぞれに掲げる税額（すべてが本税である。）を納付するために取り崩したものである。

2．当期において損金経理した租税公課には次のものが含まれている。

| | | |
|---|---|---|
| ① | 当期中間申告分の法人税 | 9,100,000 円 |
| ② | 当期中間申告分の住民税 | 1,020,000 円 |
| ③ | 当期中間申告分の事業税 | 2,400,500 円 |
| ④ | 固定資産税・償却資産税（うち延滞金 65,000 円が含まれている。） | 1,300,000 円 |
| ⑤ | 印紙税（うち過怠税 90,000 円が含まれている。） | 310,000 円 |
| ⑥ | 交通反則金 | 20,000 円 |

## 第20問　非適格合併の場合の税務上の取扱

　内国法人である甲株式会社（以下「甲社」という。）は、製造業を営む同族会社である。当期（自令和6年4月1日 至令和7年3月31日）末の資本金の額は300,000,000円、資本金等の額は350,000,000円である。

　甲社は、令和6年8月1日に甲社の取引先でありサービス業を営んでいる内国法人である乙社（以下「乙社」という。）と合併することとなった。解答用紙の問1から問4の問に答えなさい。

　なお、【資料】に提示されているもの以外は一切考慮しないものとする。また、記載する金額がない場合には「0」円と記入すること。

【資　料】

1．合併の条件に関する事項

(1)　乙社の株主には甲社の株式のみが交付されるが、甲社は合併後に乙社の従業員の半数を解雇する予定であり、この合併は非適格合併に該当する。なお、乙社の株主に交付される甲社株式の時価の合計額は90,000,000円である。

(2)　甲社は乙社の発行済株式を一切保有していない。

(3)　資産等超過差額、退職給与負債調整勘定、短期重要負債調整勘定に該当するものはない。

(4)　源泉所得税及び乙社の合併直前の事業年度における法人税等については一切考慮しないものとする。

2．乙社に関する事項

　総資産の合併直前の帳簿価額は95,000,000円（時価は110,000,000円）であり、総負債の合併直前の帳簿価額は35,000,000円（時価は同額）である。また、資本金等の額は20,000,000円であり、利益積立金額は40,000,000円である。

3．丙社に関する事項

　丙社は乙社の発行済株式総数の30%を保有しており、その帳簿価額は22,000,000円である。合併にあたり取得する甲社株式の時価は27,000,000円である。

## 第21問　納付すべき法人税額の計算過程

　次の資料に基づき、内国法人である甲株式会社（以下「甲社」という。）の当期（自令和6年4月1日 至令和7年3月31日）の納付すべき法人税額を計算しなさい。

＜資料＞

1．当期利益の金額　　　　　　　　　　　　34,329,000円

2．当期利益に対する加算調整項目の合計額　22,126,536円

3．当期利益に対する減算調整項目の合計額　11,382,700円

4．期末資本金の額　　　　　　　　　　　　70,000,000円

内国法人甲株式会社（以下「甲社」という。）は，物品卸売業を営む年1回3月末決算の非同族会社で，当期（自令和6年4月1日　至令和7年3月31日）末の資本金の額は50,000,000円である。

甲社は設立以来毎期継続して青色の申告書によって適法に法人税の確定申告書を提出しており，当期についても申告期限内に青色の申告書により法人税の確定申告を行う予定である。

甲社の当期における法人税の確定申告のために作成した【資料】は次のとおりである。

これらに基づいて，当期の法人税の課税標準である所得の金額及び確定申告により納付すべき法人税額を計算しなさい。

(1) 税法上選択できる計算方法が2以上ある事項については，設問上において指示されている事項を除き，当期の法人税額が最も少なくなる計算方法によるものとする。

(2) 法人税の確定申告に当たって必要な申告の記載及び証明書の添付その他の手続きは，いずれも適法に行うものとする。

(3) 消費税等については考慮する必要はない。

(4) 地方法人税の額については，計算する必要はない。

【資　料】

1．当期の株主総会の承認を受けた決算に基づく当期利益は65,758,000円である。

2．租税公課に関する事項

(1) 納税充当金の増減状況は次のとおりである。

| 区　分 | 期首現在額 | 期中減少額 | 期中増加額 | 期末現在額 |
|---|---|---|---|---|
| 法　人　税 | 14,532,000円 | 14,532,000円 | 19,570,000円 | 19,570,000円 |
| 住　民　税 | 1,814,000円 | 1,814,000円 | 3,250,000円 | 3,250,000円 |
| 事　業　税 | 3,257,000円 | 3,257,000円 | 4,980,000円 | 4,980,000円 |
| 計 | 19,603,000円 | 19,603,000円 | 27,800,000円 | 27,800,000円 |

(注1) 期首現在額及び期中増加額は，前期及び当期において損金経理により引き当てたものである。

(注2) 期中減少額の金額は，前期分のそれぞれに掲げる税額（すべて本税である。）を納付するために取り崩したものである。

(2) 当期において損金経理をした租税公課には次のものが含まれている。

| | | |
|---|---|---|
| ① | 当期中間申告分の法人税 | 13,420,000円 |
| ② | 当期中間申告分の住民税 | 4,257,000円 |
| ③ | 当期中間申告分の事業税 | 5,571,000円 |
| ④ | 固定資産税・償却資産税（うち延滞金32,300円が含まれている。） | 1,853,000円 |
| ⑤ | 印紙税（うち過怠税31,000円が含まれている。） | 95,000円 |
| ⑥ | 交通反則金 | 39,000円 |

3．貸倒引当金に関する事項

(1) 当期末現在の貸借対照表に計上されている債権等（貸倒引当金控除前）の金額は次のとおりである。

| ① | 受取手形 | 21,134,500 円 |
|---|---|---|
| ② | 売掛金 | 60,258,000 円 |
| ③ | 貸付金 | 26,000,000 円 |
| ④ | 未収入金 | 620,000 円 |
| ⑤ | 前渡金 | 1,710,000 円 |

(2) 上記(1)に掲げる債権につき，以下のような留意事項がある。

① 受取手形は，すべて売掛金の回収のために取得したものであるが，このほか貸借対照表に脚注表示された割引手形が 2,607,500 円ある。

　なお，受取手形にはC社に対するものが 4,000,000 円含まれており，同社は，当期の 8 月 15 日に会社更生法の規定による更生計画認可の決定を受け，甲社の有する受取手形の全額が切り捨てられることとなったが，これについては甲社では何らの処理もしていない。

② 売掛金のうち 5,000,000 円は，D社に対するものであるが，甲社はD社に対して買掛金 1,500,000 円及び支払手形 1,000,000 円がある。

③ 貸付金のうち 3,000,000 円は，E社に対するものであるが，同社は債務超過の状態が相当期間継続していることから甲社は当期末において損金経理により個別評価金銭債権に係る貸倒引当金 3,000,000 円を繰り入れている。

　なお，取立ての見込みがないと認められる金額は 1,000,000 円である。

④ 未収入金の内訳は，以下のとおりである。

　イ．仕入割戻しに係るもの　　162,000 円

　ロ．備品の譲渡代金　　　　　440,000 円

　ハ．未収配当金　　　　　　　 18,000 円

⑤ 前渡金は商品の仕入に係るものである。

(3) 実質的に債権とみられないものの額の簡便法による控除割合は，0.024157 である。

(4) 甲社の過去 3 年間における税務上の期末一括評価金銭債権の帳簿価額の状況，売掛債権等についての貸倒損失額の発生状況は次のとおりである。

| 事 業 年 度 | 各事業年度末における<br>一括評価金銭債権の帳簿価額 | 貸 倒 損 失 額 |
|---|---|---|
| R3.4.1～R4.3.31 | 95,257,000 円 | 700,000 円 |
| R4.4.1～R5.3.31 | 100,789,000 円 | 1,212,000 円 |
| R5.4.1～R6.3.31 | 101,257,000 円 | 950,000 円 |

(5) 甲社が当期において費用に計上した一括評価金銭債権に係る貸倒引当金の繰入額は 1,100,000 円であり，また，前期において費用に計上した一括評価金銭債権に係る貸倒引当金の繰入額 1,100,000 円（うち繰入超過額 92,600 円）は，当期においてその全額を取崩して収益に計上している。

４．交際費等に関する事項

(1) 当期において損金経理により計上した接待交際費勘定の内訳は次のとおりである。

2① 得意先・仕入先等を飲食店で接待した費用で1人当り10,000円超の飲食費等

2,146,000円

② 得意先・仕入先等を飲食店で接待した費用で1人当り 10,000 円以下の飲食費等（税務上適正に処理されている。） 821,000円

③ 得意先・仕入先の役員・従業員の慶弔・禍福の際に支出した費用 1,150,000円

④ 甲社従業員の慶弔・禍福に際し社内規定に基づき支給した費用 500,000円

⑤ 得意先を野球に招待した際に支出した費用 1,270,000円

⑥ 得意先・仕入先等に対する中元・歳暮の贈答費用 1,550,000円

⑦ その他税務上交際費に該当するもの 1,607,000円

(2) 当期において仮払金として計上した金額のうち 730,000 円は当期に得意先の役員を旅行に招待したことにより支出したものである。

5．繰延資産に関する事項

当期の11月11日に同業者団体（社交団体ではない。）に加入し，加入金 600,000 円と通常会費 120,000 円（税務上適正額）を支出し全額当期の費用に計上している。

6．寄附金に関する事項

(1) 当期の費用に計上した寄附金の総額は 4,600,000 円であり，その内訳は次のとおりである。

① 某政治団体に対する寄附金 2,500,000円

② 県立高校に対する寄附金 400,000円

③ 特定公益増進法人に対する寄附金 1,700,000円

(2) 甲社の当期末における資本金等の額は 68,000,000 円である。

7．その他税務上，調整すべき事項

(1) 受取配当等の益金不算入額 450,000 円

(2) 所得税額の控除額（復興特別所得税は含まれていない。） 90,000 円

(3) 有価証券評価損の損金不算入額 4,100,000 円

(4) 役員給与の損金不算入額 2,300,000 円

(5) 繰延資産償却超過額認容 40,000 円

(6) 減価償却超過額 781,000 円

(7) 減価償却超過額認容 43,510 円

# 解　　答

## 第1問　減価償却超過額

1．倉庫用建物

(1) 耐用年数

43,000,000円×50%＝21,500,000円 ＜ 26,000,000円 ≦ 55,500,000円×50%

＝27,750,000円

∴（43,000,000円＋26,000,000円）÷（$\frac{43,000,000円}{15年}$ ＋ $\frac{26,000,000円}{24年}$）

＝17.468…→17年（1年未満切捨て）

(注) 24年は288月、10年5月は125月

∴（288月－125月）＋125月×20%＝188月→15年（1年未満切捨て）

(2) 償却限度額

（43,000,000円＋26,000,000円）×0.059×$\frac{9}{12}$＝3,053,250円

(3) 償却超過額

（3,200,000円＋26,000,000円）－3,053,250円＝26,146,750円

2．貨物車輛

(1) 償却限度額

（ 1円＋1,489,999円＋298,000円＝1,788,000円）×0.400＝715,200円

(2) 判定

2,980,000円×0.10800＝321,840円 ＜ 715,200円 ∴通常通りの計算

(3) 償却限度超過額

1,489,999円－715,200円＝774,799円

3．備品A

(1) 償却限度額

① 償却限度額

（112,215円＋1円＋89,494円＝201,710円）×0.250＝50,427円

② 償却保証額

850,000円×0.07909＝67,226円

③ ① ＜ ② ∴改訂償却率により計算

④ 改定償却率による償却限度額

201,710円×0.334＝67,371円

(2) 償却超過額

112,215円－67,371円＝44,844円

1．広告宣伝用資産を贈与した費用

① 償却限度額

$$3,000,000 円 \times \frac{11 月}{5 年 \times 12} = \underline{550,000} 円$$

② 償却限度超過額

$$3,000,000 円 - ① = \underline{2,450,000} 円$$

2．公共的施設の設置のために支出する費用

① $\underline{150,000}$ 円 ＜ $\underline{200,000}$ 円 ∴全額損金算入

② 償却限度額

$$\underline{\hspace{3cm}} 円 \times \frac{月}{年 \times 12} = \underline{\hspace{3cm}} 円$$

③ 償却限度超過額

$$\underline{\hspace{3cm}} 円 - ② = \underline{\hspace{3cm}} 円$$

第3問　寄附金の取扱い

1．支出寄附金の額

① 指定寄附金等

$$450,000 円 + 400,000 円 = \underline{850,000} 円$$

② 特定公益増進法人等に対する寄附金　$\underline{1,100,000}$ 円

③ その他の寄附金

$$1,875,000 円 + 1,800,000 円 + 3,400,000 円 = \underline{7,075,000} 円$$

④ 合計（①＋②＋③）＝$\underline{9,025,000}$ 円

2．寄附金支出前所得金額

$$63,934,750 円 + 9,025,000 円 = \underline{72,959,750} 円$$

3．損金算入限度額

① 資本基準額

$$30,000,000 円 \times \frac{12}{12} \times \frac{2.5}{1,000} = \underline{75,000} 円$$

② 所得基準額

$$72,959,750 円 \times \frac{2.5}{100} = \underline{1,823,993} 円$$

③ 損金算入限度額

$$(75,000 円 + 1,823,993 円) \times \frac{1}{4} = \underline{474,748} 円$$

4．特別損金算入限度額

① 資本基準額

$$30,000,000 円 \times \frac{12}{12} \times \frac{3.75}{1,000} = \underline{112,500} 円$$

② 所得基準額

$$72,959,750 円 \times \frac{6.25}{100} = \underline{4,559,984} 円$$

③　損金算入限度額

（112,500円＋4,559,984円）× $\dfrac{1}{2}$ ＝2,336,242円

5．損金不算入額

9,025,000円－850,000円－1,100,000円(*2)－474,748円＝6,600,252円

(*2) 2,336,242円　＞　1,100,000円　∴　1,100,000円

## 第4問　交際費等の損金不算入(1)

1．支出交際費等の額

①　飲食費

2,180,000円＋220,000円＝2,400,000円

②　その他

1,300,000円＋1,200,000円＋460,000円＋1,565,000円＋410,000円＋1,500,000円

＋1,000,000円＝7,435,000円

③　合計　①＋②＝9,835,000円

2．定額控除限度額

8,000,000円× $\dfrac{12}{12}$ ＝8,000,000円

3．損金算入限度額

①　飲食交際費

2,400,000円×50%＝1,200,000円

②　①　＜　8,000,000円（定額控除限度額）∴　8,000,000円

4．損金不算入額

9,835,000円－8,000,000円＝1,835,000円

5．前期売上割戻し認容額　1,000,000円

6．土地取得価額評価減

1,835,000円× $\dfrac{220,000円}{9,835,000円}$ ＝41,047円

## 第5問　交際費等の損金不算入(2)

1．支出交際費等の額

① 飲食費

$\underline{1,819,100}$ 円＋$\underline{304,000}$ 円＝$\underline{2,123,100}$ 円

② その他

$\underline{515,600}$ 円＋$\underline{1,459,400}$ 円＋$\underline{910,000}$ 円＋$\underline{1,111,100}$ 円＋（$\underline{2,500,000}$ 円

＋$\underline{500,000}$ 円）＝$\underline{6,996,100}$ 円

③ 合計　①＋②＝$\underline{9,119,200}$ 円

2．定額控除限度額

$\underline{8,000,000}$ 円$\times \dfrac{12}{12} = \underline{8,000,000}$ 円

3．損金算入限度額

① 飲食交際費

（1.① $\underline{2,123,100}$ 円×$\underline{50}$%＝$\underline{1,061,550}$ 円）　＜　2. $\underline{8,000,000}$ 円

∴　$\underline{8,000,000}$ 円

4．損金不算入額

$\underline{9,119,200}$ 円－$\underline{8,000,000}$ 円＝$\underline{1,119,200}$ 円

5．前期売上割戻し認容額　$\underline{500,000}$ 円

6．土地取得価額評価減

$\underline{1,119,200}$ 円$\times \dfrac{304,000 \text{円}}{9,119,200 \text{円}} = \underline{37,309}$ 円

## 第6問　役員判定と役員給与損金不算入

問1　同族会社の判定

第1順位　　A　グループ　1,700株＋1,050株　＝2,750株
第2順位　　B　グループ　1,000株　　　　　　＝1,000株
第3順位　　C　グループ　500株＋250株　　　＝　750株
合　　計　　　　　　　　　　　　　　　　　　＝4,500株

判　定　$\dfrac{4,500株}{5,000株}$ ＝90%　＞　50%
（等号不等号を記入）

∴　同族会社に該当　する　（する・しないを記入）

問2　使用人兼務役員の判定

A' ①　代表取締役、副社長等の職制上の地位を有する役員に該当　しない　（する・しないを記入）

②　持株割合の判定

（i）（　最初に規定割合を超えるグループ　）の所有割合

（　A　グループ＋　B　グループ＋　C　グループ）の合計　90%　＞　50%
（等号不等号を記入）

（ii）A'の属する株主グループの所有割合

　A　グループ＝$\dfrac{2,750株}{5,000株}$＝55%　＞　10%
（等号不等号を記入）

（iii）A'等の所有割合

A'＝$\dfrac{1,050株}{5,000株}$＝21%　＞　5%
（等号不等号を記入）

③　判定

使用人兼務役員に該当　しない　（する・しないを記入）

問3　役員給与の損金不算入額の計算

(1) 対象者　A　16,800,000円－14,400,000円＝2,400,000円
(2) 対象者　B　15,600,000円－12,000,000円＝3,600,000円
(3) 合　計　(1)＋(2)＝6,000,000円

1．貸倒損失認定損　1,000,000 円

2．個別評価金銭債権に係る貸倒引当金

(1) 繰入限度額

　10,000,000 円－1,000,000 円－600,000 円×5 －3,000,000 円＝3,000,000 円

(2) 繰入超過額

　10,000,000 円－(1)＝7,000,000 円

3．一括評価金銭債権に係る貸倒引当金

(1) 繰入限度額

　① 期末一括評価金銭債権の額

　　（28,366,000 円＋1,634,000 円）＋64,150,000 円＋（19,650,000 円－

　　10,000,000 円）＋350,000 円＝104,150,000 円

　② 実質的に債権とみられないものの額

　　イ．原則法

　　　Ａ．債権の額　4,150,000 円

　　　Ｂ．債務の額　3,195,600 円＋1,304,400 円＝4,500,000 円

　　　Ｃ．判定　Ａ ＜ Ｂ ∴ 4,150,000 円

　　ロ．簡便法

　　　104,150,000 円×0.032（小数点以下 3 位未満切捨て）＝3,332,800 円

　　ハ．判定　イ ＞ ロ ∴ 3,332,800 円

　③ 実績繰入率

　　$\dfrac{A}{B}$ ＝0.00934052…0.0094（小数点以下4位未満切上げ）

　　Ａ（1,732,440 円＋405,440 円＋866,221 円＝3,004,101 円）× $\dfrac{12}{36}$

　　Ｂ（109,729,371 円＋103,460,872 円＋108,429,757 円＝321,620,000 円）÷3

　④ 法定繰入率　小売業に該当するため 0.010

　⑤ 繰入限度額

　　イ．実績繰入率による繰入限度額

　　　104,150,000 円×0.0094＝979,010 円

　　ロ．法定繰入率による繰入限度額

　　　（104,150,000 円－3,332,800 円）×0.010＝1,008,172 円

　　ハ．判定　イ ＜ ロ ∴ 1,008,172 円

(2) 繰入限度超過額

　　1,045,763 円－1,008,172 円＝37,591 円

4．貸倒引当金繰入超過額認容　43,687 円

## 第8問　貸倒引当金(2)

1．貸倒損失認定損　4,500,000 円

2．個別評価金銭債権に係る貸倒引当金

(1) 繰入限度額

20,000,000 円－4,500,000 円－1,000,000 円×5－8,000,000 円＝2,500,000 円

(2) 繰入超過額

2,500,000 円－2,500,000 円＝ 0 円

3．一括評価金銭債権に係る貸倒引当金

(1) 繰入限度額

① 期末一括評価金銭債権の額

（31,139,000 円＋3,261,000 円）＋115,115,000 円＋（50,000,000 円－20,000,000 円）＋485,000 円＝180,000,000 円

② 実質的に債権とみられないものの額

イ．原則法

A．債権の額　3,500,000 円

B．債務の額　1,800,000 円＋1,800,000 円＝3,600,000 円

C．判定　A ＜ B　∴　3,500,000 円

ロ．簡便法

180,000,000 円×0.018（小数点以下3位未満切捨て）＝3,240,000 円

ハ．判定　イ ＞ ロ　∴　3,240,000 円

③ 実績繰入率

$$\frac{(1{,}711{,}000 円＋1{,}971{,}000 円＋1{,}805{,}000 円)\times \dfrac{12}{36}}{(184{,}555{,}000 円＋179{,}814{,}000 円＋176{,}935{,}000 円)\div 3}＝0.0102$$

（小数点以下4位未満切上げ）

④ 法定繰入率　0.010

⑤ 繰入限度額

イ．実績繰入率による繰入限度額

180,000,000 円×0.0102＝1,836,000 円

ロ．法定繰入率による繰入限度額

（180,000,000 円－3,240,000 円）×0.010＝1,767,600 円

ハ．判定　イ ＞ ロ　∴　1,836,000 円

(2) 繰入限度超過額

1,836,000 円－1,836,000 円＝ 0 円

4．貸倒引当金繰入超過額認容　537 円

## 第9問　保険差益の圧縮記帳(1)

1. 滅失等により支出した経費の額

$$1,250,000 円 + 1,500,000 円 \times \frac{55,000,000 円}{67,000,000 円} = 2,481,343 円$$

2. 改訂保険金等の額

$$55,000,000 円 - 2,481,343 円 = 52,518,657 円$$

3. 保険差益の額

$$52,518,657 円 - (42,000,000 円 + 1,000,000 円) = 9,518,657 円$$

4. 圧縮限度額

$$9,518,657 円 \times \frac{52,518,657 円 (*1)}{52,518,657 円} = 9,518,657 円$$

(*1) 58,000,000 円 ＞ 52,518,657 円 ∴ 52,518,657 円

5. 圧縮限度超過額

$$10,000,000 円 - 9,518,657 円 = 481,343 円$$

6. 償却限度額

$$(58,000,000 円 - 9,518,657 円) \times 0.027 \times \frac{4}{12} = 436,332 円$$

7. 減価償却超過額

$$(421,052 円 + 481,343 円) - 436,332 円 = 466,063 円$$

## 第10問　保険差益の圧縮記帳(2)

1. 滅失等により支出した経費の額

$$(1,250,000 円 + 1,700,000 円) \times \frac{29,400,000 円}{29,400,000 円 + 12,600,000 円} = 2,065,000 円$$

2. 改訂保険金等の額

$$29,400,000 円 - 2,065,000 円 = 27,335,000 円$$

3. 保険差益の額

$$27,335,000 円 - 23,200,000 円 = 4,135,000 円$$

4. 圧縮限度額

$$4,135,000 円 \times \frac{27,335,000 円 *}{27,335,000 円} = 4,135,000 円$$

＊ 42,000,000 円 ＞ 27,335,000 円 ∴ 27,335,000 円

5. 圧縮超過額

$$4,200,000 円 - 4,135,000 円 = 65,000 円$$

6. 償却限度額

$$(42,000,000 円 - 4,135,000 円) \times 0.042 \times \frac{4}{12} = 530,110 円$$

7. 償却超過額

$$(661,500 円 + 65,000 円) - 530,110 円 = 196,390 円$$

## 第11問　交換の圧縮記帳

### 1．土地

① 判定

　イ．55,000,000円－51,000,000円＝4,000,000円

　ロ．55,000,000円×20%＝11,000,000円

　ハ．4,000,000円　≦　11,000,000円　∴　圧縮記帳の適用あり

② 経費

$$2,460,000円 \times \frac{55,000,000円}{82,000,000円} = 1,650,000円$$

③ 圧縮限度額

51,000,000円－（28,350,000円＋1,650,000円）×A＝23,181,819円

$$A = \frac{51,000,000円}{51,000,000円+4,000,000円*}$$

　＊（55,000,000円－51,000,000円＝4,000,000円）

④ 圧縮超過額

25,000,000円－23,181,819円＝1,818,181円

### 2．倉庫用建物

① 判定

　イ．30,000,000円－27,000,000円＝3,000,000円

　ロ．30,000,000円×20%＝6,000,000円

　ハ．3,000,000円　≦　6,000,000円　∴　圧縮記帳の適用あり

② 経費

$$2,460,000円 \times \frac{27,000,000円}{82,000,000円} = 810,000円$$

③ 圧縮限度額

30,000,000円－（21,190,000円＋810,000円＋3,000,000円*）＝5,000,000円

＊（30,000,000円－27,000,000円＝3,000,000円）

④ 圧縮超過額

6,000,000円－5,000,000円＝1,000,000円

⑤ 償却限度額

$$(30,000,000円－5,000,000円) \times 0.042 \times \frac{5}{12} = 437,500円$$

⑥ 償却超過額

（416,666円＋1,000,000円）－437,500円＝979,166円

1．譲渡経費

2,200,000 円－1,600,000 円＝600,000 円

2．差引対価補償金

80,600,000 円－600,000 円＝80,000,000 円

3．差益割合

$$\frac{A}{80,000,000 \text{円}} = 0.475\cdots \rightarrow 0.47 \quad (\text{小数点以下 2 位未満切捨})$$

A＝80,000,000 円－（41,700,000 円＋300,000 円）

4．圧縮基礎取得価額

（1）土地 F

80,000,000 円　＞　45,000,000 円　∴　45,000,000 円

（2）倉庫用建物 F

（80,000,000 円－45,000,000 円＝35,000000 円）＞　30,000,000 円

∴　30,000,000 円

5．圧縮限度額

（1）土地 F　　　　　45,000,000 円×0.47＝21,150,000 円

（2）倉庫用建物 F　　30,000,000 円×0.47＝14,100,000 円

6．圧縮限度超過額

（1）土地 F　　　　　25,000,000 円－21,150,000 円＝3,850,000 円

（2）倉庫用建物 F　　16,000,000 円－14,100,000 円＝1,900,000 円

7．償却限度額

$$(30,000,000 \text{円}-14,100,000 \text{円}) \times 0.033 \times \frac{7}{12} = 306,075 \text{円}$$

8．償却限度超過額

（263,440 円＋1,900,000 円）－306,075 円＝1,857,365 円

## 第13問　収容等の圧縮記帳(2)

1．譲渡経費

3,100,000円−2,100,000円＝1,000,000円

2．差引対価補償金

91,000,000円−1,000,000円＝90,000,000円

3．差益割合

$$\frac{90,000,000円−(49,080,000円＋420,000円)}{90,000,000円}＝0.45$$

4．圧縮基礎取得価額

(1) 土地B

90,000,000円　＞　52,500,000円　∴　52,500,000円

(2) 倉庫用建物B

(90,000,000円−52,500,000円＝37,500,000円)　＜　44,000,000円

∴　37,500,000円

5．圧縮限度額

(1) 土地B　　52,500,000円×0.45＝23,625,000円

(2) 倉庫用建物B　37,500,000円×0.45＝16,875,000円

6．圧縮超過額

(1) 土地B　　24,000,000円−23,625,000円＝375,000円

(2) 倉庫用建物B　18,000,000円−16,875,000円＝1,125,000円

7．償却限度額

$$(44,000,000円−16,875,000円)×0.033×\frac{6}{12}＝447,562円$$

8．償却限度超過額

(709,677円＋1,125,000円)−447,562円＝1,387,115円

## 第14問　買換の圧縮記帳

1．譲渡経費　2,200,000円

2．差益割合　A÷86,000,000円＝0.70

A＝86,000,000円−(23,300,000円＋300,000円＋2,200,000円)

3．圧縮基礎取得価額

① 土地

86,000,000円　＞　68,600,000円 (*1)　∴　68,600,000円

$$(*1)　(80,000,000円＋3,300,000円)×\frac{140m^2×5}{850m^2}＝68,600,000円$$

② 倉庫用建物

　　(86,000,000 円−68,600,000 円＝17,400,000 円) ＜　20,000,000 円

　　∴　17,400,000 円

4．圧縮限度額

① 土地

　　68,600,000 円×0.70×80%＝38,416,000 円

② 倉庫用建物

　　17,400,000 円×0.70×80%＝9,744,000 円

5．圧縮限度超過額

① 土地

　　56,000,000 円−38,416,000 円＝17,584,000 円

② 倉庫用建物

　　14,000,000 円−9,744,000 円＝4,256,000 円

6．倉庫用建物の減価償却費

① 償却限度額

$$(20,000,000 円−9,744,000 円) ×0.033× \frac{4}{12} ＝112,816 円$$

② 償却超過額

$$(64,516 円＋4,256,000 円) −112,816 円＝4,207,700 円$$

## 第15問　受取配当等の益金不算入(1)

1．受取配当等の額

(1) 関連法人株式等　1,580,000 円

(2) その他の株式等　940,000 円

2．控除負債利子

(1) 原則法　50,000 円

(2) 簡便法　80,000 円

(3) (1)＜(2)　∴　50,000 円

3．益金不算入額

$$(1,580,000 円−50,000 円) ＋940,000 円× \frac{1}{2} ＝2,000,000 円$$

## 第16問　受取配当等の益金不算入(2)

＜受取配当等の益金不算入額＞

1．受取配当等の額

(1) 関連法人株式等　1,440,000 円

(2) その他の株式等　850,000 円

2．控除負債利子

(1) 原則法　44,000 円

(2) 簡便法　40,000 円

(3) 40,000 円 ＜ 44,000 円　∴ 40,000 円

3．益金不算入額

$$(1,440,000 円 - 40,000 円) + 850,000 円 \times \frac{50}{100} = 1,825,000 円$$

＜法人税額から控除される所得税額＞

1．株式出資

(1) 個別法

① Ａ株式

$$288,000 円 \times \frac{42,000 株}{48,000 株} \times \frac{12}{12} \ (1.000)$$

$$+ 288,000 円 \times \frac{6,000 株}{48,000 株} \times \frac{1}{12} \ (0.084) = 255,024 円$$

② Ｂ株式　170,000 円

③ 小　計　①＋②＝425,024 円

(2) 簡便法

① Ａ株式

$$288,000 円 \times \frac{42,000 株 + (48,000 株 - 42,000 株) \times \dfrac{1}{2}}{48,000 株} \ (0.938)$$

$$= 270,144 円 \qquad (小数点以下3位未満切り上げ)$$

② Ｂ株式　170,000 円

③ 小　計　①＋②＝440,144 円

(3) 425,024 円 ＜ 440,144 円　∴440,144 円

2．その他　13,500 円

3．合　計　1．＋2．＝453,644 円

## 第17問　所得税額控除

1. 株式出資
 (1) 個別法
  ① Ａ株式
   イ　$\underline{316,000}$円× $\dfrac{94,800 株}{158,000 株}$ ×（ $\dfrac{12}{12}$ ＝$\underline{1.000}$）

   ＝$\underline{189,600}$円

   ロ　$\underline{316,000}$円× $\dfrac{63,200 株}{158,000 株}$ ×（ $\dfrac{1}{12}$ ＝$\underline{0.084}$ ）

   ＝$\underline{10,617}$円（円未満切捨 ）

   ハ　イ＋ロ＝$\underline{200,217}$円
  ② Ｂ株式　$\underline{188,000}$円
  ③　①＋②＝$\underline{388,217}$円
 (2) 簡便法
  ① Ａ株式
   $\underline{316,000}$円×$\underline{0.800}$(*1)＝$\underline{252,800}$円

   (*1)イ　$\underline{94,800}$株＋（$\underline{158,000}$株－$\underline{94,800}$株）× $\dfrac{1}{2}$ ＝$\underline{126,400}$株

    ロ　$\dfrac{イ}{\underline{158,000} 株}$ ＝$\underline{0.800}$（小数点以下$\underline{3}$位未満切上 ）
  ② Ｂ株式　$\underline{188,000}$円
  ③　①＋②＝$\underline{440,800}$円
 (3)　(1) ＜ (2)　∴　$\underline{440,800}$円

2. その他　$\underline{3,000}$円
3. 合計　1．＋2．＝$\underline{443,800}$円


## 第18問　試験研究費の特別控除

(1)　中小企業者等税額控除限度額
 ①　比較試験研究費の額
  $\underline{(86,000,000 円＋97,000,000 円＋87,000,000 円) ÷ 3＝90,000,000}$円
 ②　増減試験研究費割合
  $\underline{(101,700,000 円－①) ÷①＝0.13}$　$\underline{＞}$　12%
    （等号不等号を記入）
 ③　割増前税額控除割合
  $\underline{12\%＋（②－12\%）×0.375＝0.12375}$
 ④　控除割増率
 （ⅰ）平均売上金額

　　（854,600,000 円＋723,900,000 円＋911,000,000 円＋764,900,000 円）÷4

　　＝813,600,000 円

（ⅱ）試験研究費割合

　　101,700,000÷④（ⅰ）＝0.125　__>__　10%
　　　　　　　　　　　　　　　（等号不等号を記入）

　　　　　　　　　　　　　　　　　　　∴控除割増率の適用__あり__（あり・なしを記入）

（ⅲ）控除割増率

　　（0.125－10%）×0.5＝0.0125

⑤　税額控除割合

　　③＋③×0.0125＝0.125296875　∴0.125（小数点以下 3 位未満切捨て）

　　0.125　__≦__　17%　∴0.125
　　　　（等号不等号を記入）

⑥　中小企業者等税額控除限度額

　　101,700,000 円×0.125＝12,712,500 円

(2)　中小企業者等控除上限額

①　中小企業者等控除上限額の特例の判定

　　0.13　__>__　12%　∴10%加算の適用__あり__（あり・なしを記入）
　　　（等号不等号を記入）

②　中小企業者等控除上限額

　　45,000,000 円×（25%＋10%）＝15,750,000 円

(3)　税額控除額

　　12,712,500 円　__<__　15,750,000 円　∴12,712,500 円
　　　　　　　　　　（等号不等号を記入）

## 第 19 問　租税公課

| 加算減算 | 区　分 | 金　額 |
|---|---|---|
| ⑩・減 | 損金経理をした納税充当金 | 17,500,000 円 |
| ⑩・減 | 損金経理をした法人税の額 | 9,100,000 円 |
| ⑩・減 | 損金経理をした住民税の額 | 1,020,000 円 |
| ⑩・減 | 損金経理をした附帯税等の額 | 65,000 円 |
| ⑩・減 | 損金経理をした過怠税 | 90,000 円 |
| ⑩・減 | 損金経理をした罰金等 | 20,000 円 |
| 加・㊛ | 納税充当金から支出した事業税等の金額 | 3,176,200 円 |

（注１）加算減算欄には、当該調整項目が加算の場合には、「加」に○を付し、当該調整項目が減算の場合には「減」に○を付すこと。

（注２）区分欄は、原則解答に示されている用語を使用することとするが、税法上の適切な用語が記載されていれば正解扱いとする。答の順番は不問とする。

## 第20問　非適格合併の場合の税務上の取扱

問1　甲社のこの合併に関する税務上の取引を仕訳形式で示しなさい。

| 借方科目 | 金　額 | 貸方金額 | 金　額 |
|---|---|---|---|
| 総資産 | （110,000,000） | 総負債 | （　35,000,000） |
| 資産調整勘定 | （　15,000,000） | 資本金等の額 | 90,000,000 |

問2　乙社の合併により減少する利益積立金額の金額を次の算式に従って答えなさい。

40,000,000円＋{90,000,000円－（95,000,000円－35,000,000円）}
＝70,000,000円

問3　丙社の合併により交付される甲社株式の取得価額を解答用紙に示した算式を完成させて、答えなさい。

22,000,000円＋（27,000,000円－20,000,000円×30%）＝43,000,000円

問4　丙社の合併による乙社株式の譲渡損益の金額を答えなさい。

_____0_____円

## 第21問　納付すべき法人税額の計算過程

1．所得金額

34,329,000円＋22,126,536円－11,382,700円＝45,072,836円→45,072,000円

（千円未満切捨）

2．納付すべき法人税額の計算

① 年800万円以下

$8,000,000円 \times \dfrac{12}{12} \times 15\% = 1,200,000円$

② 年800万円超

$45,072,000円 - 8,000,000円 \times \dfrac{12}{12} = 37,072,000円$

37,072,000円×23.2%＝8,600,704円

③ 合計

①＋②＝9,800,704円

第22問　総合問題

1. 所得金額の計算

| 区　　　　分 | 金　　額 |
|---|---|
| 当　期　利　益 | 65,758,000 円 |
| 損金経理をした納税充当金 | 27,800,000 円 |
| 損金経理をした法人税の額 | 13,420,000 円 |
| 損金経理をした住民税の額 | 4,257,000 円 |
| 損金経理をした付帯税等 | 32,300 円 |
| 損金経理をした過怠税 | 31,000 円 |
| 損金経理をした罰金等 | 39,000 円 |
| 個別評価金銭債権に係る貸倒引当金繰入超過額 | 2,000,000 円 |
| 一括評価金銭債権に係る貸倒引当金繰入超過額 | 90,426 円 |
| 交際費等の損金不算入額 | 453,000 円 |
| 同業者団体加入金償却超過額 | 550,000 円 |
| 有価証券評価損の損金不算入額 | 4,100,000 円 |
| 役員給与の損金不算入額 | 2,300,000 円 |
| 減価償却超過額 | 781,000 円 |
|  | 円 |
| 小　　　計 | 55,853,726 円 |
| 納税充当金から支出した事業税等の金額 | 3,257,000 円 |
| 貸倒損失認定損 | 4,000,000 円 |
| 一括評価金銭債権に係る貸倒引当金繰入超過額認容 | 92,600 円 |
| 仮払交際費等認定損 | 730,000 円 |
| 受取配当等の益金不算入額 | 450,000 円 |
| 繰延資産償却超過額認容 | 40,000 円 |
| 減価償却超過額認容 | 43,510 円 |
|  | 円 |
| 小　　　計 | 8,613,110 円 |
| 仮　　　計 | 112,998,616 円 |
| 寄附金の損金不算入額 | 1,722,509 円 |
| 法人税額から控除される所得税額等 | 90,000 円 |
|  | 円 |
| 合　計・総　計・差　引　額 | 114,811,125 円 |
| 所　得　金　額 | 114,811,125 円 |

注 (a) 区分欄は，原則解答に示されている用語を使用していることとするが，税法上の適切な用語が書かれていれば正答とする。(b) 答の順番は不問とする。(c) 留保・社外流出の表記は省略するものとする。

2．所得金額の計算過程

■ 個別評価金銭債権に係る貸倒引当金

(1) 繰入限度額　1,000,000 円

(2) 繰入超過額　3,000,000 円－1,000,000 円＝2,000,000 円

■ 一括評価金銭債権に係る貸倒引当金

(1) 繰入限度額

① 期末一括評価金銭債権の額

（21,134,500 円＋2,607,500 円－4,000,000 円）＋60,258,000 円

＋（26,000,000 円－3,000,000 円）＋440,000 円＝103,440,000 円

② 実質的に債権とみられないものの額

イ．原則法

A．債権の額　5,000,000 円

B．債務の額　1,500,000 円＋1,000,000 円＝2,500,000 円

C．判定　　A．　＞　B．　∴2,500,000 円

ロ．簡便法　103,440,000 円×0.024（小数点以下 3 位未満切り捨て）＝2,482,560 円

ハ．判　定　イ．　＞　ロ．　∴2,482,560 円

③ 実績繰入率

$$\frac{(700{,}000 \text{円}+1{,}212{,}000 \text{円}+950{,}000 \text{円}) \times \dfrac{12}{36}}{(95{,}257{,}000 \text{円}+100{,}789{,}000 \text{円}+101{,}257{,}000 \text{円}) \div 3}$$

＝0.0097（小数点以下 4 位未満切り上げ）

④ 法定繰入率　0.010

⑤ 繰入限度額

イ．実績繰入率による繰入限度額

103,440,000 円×0.0097＝1,003,368 円

ロ．法定繰入率による繰入限度額

（103,440,000 円－2,482,560 円）×0.010＝1,009,574 円

ハ．判　定　イ．　＜　ロ．　∴1,009,574 円

(2) 繰入超過額　1,100,000 円－1,009,574 円＝90,426 円

■ 交際費等の損金不算入額

(1) 支出交際費等の額

① 飲食費　2,146,000 円

② その他　1,150,000 円＋1,270,000 円＋1,550,000 円＋1,607,000 円＋730,000 円
＝6,307,000 円

③ 合　計　①＋②＝8,453,000 円

(2) 定額控除限度額　$8,000,000 円 \times \dfrac{12}{12} = 8,000,000 円$

(3) 損金算入限度額

　　（$2,146,000 円 \times 50\% = 1,073,000 円$）　＜　$8,000,000 円$

　　$\therefore 8,000,000 円$

(4) 損金不算入額　$8,453,000 円 - 8,000,000 円 = 453,000 円$

■ 同業者団体加入金

(1) 償却限度額　$600,000 円 \times \dfrac{5月}{5年 \times 12月} = 50,000 円$

(2) 償却超過額　$600,000 円 - 50,000 円 = 550,000 円$

■ 寄附金の損金不算入額

(1) 支出寄附金の額

　① 指定寄附金等　$400,000 円$

　② 特定公益増進法人に対する寄附金　$1,700,000 円$

　③ その他の寄附金　$2,500,000 円$

　④ 合計　①＋②＋③＝$4,600,000 円$

(2) 寄附金支出前所得金額　$112,998,616 円 + 4,600,000 円 = 117,598,616 円$

(3) 一般寄附金損金算入限度額

　① 資本基準額　$68,000,000 円 \times \dfrac{12}{12} \times \dfrac{2.5}{1,000} = 170,000 円$

　② 所得基準額　$117,598,616 円 \times \dfrac{2.5}{100} = 2,939,965 円$

　③ 損金算入限度額　（$170,000 円 + 2,939,965 円$）$\times \dfrac{1}{4} = 777,491 円$

(4) 特別損金算入限度額

　① 資本基準額　$68,000,000 円 \times \dfrac{12}{12} \times \dfrac{3.75}{1,000} = 255,000 円$

　② 所得基準額　$117,598,616 円 \times \dfrac{6.25}{100} = 7,349,913 円$

　③ 特別損金算入限度額　（$255,000 円 + 7,349,913 円$）$\times \dfrac{1}{2} = 3,802,456 円$

(5) 損金不算入額

　　$4,600,000 円 - 400,000 円 - 1,700,000 円(注) - 777,491 円 = 1,722,509 円$

　　（注）$3,802,456 円 ＞ 1,700,000 円 \quad \therefore 1,700,000 円$

3. 納付すべき法人税額の計算

| 摘 要 | 金 額 | 備 考 |
|---|---|---|
| 所 得 金 額 | 114,811,000 円 | 1,000 円未満切り捨て |
| 法 人 税 額 | 25,980,152 円 | |
| 差 引 法 人 税 額 | 25,980,152 円 | |
| 法 人 税 額 計 | 25,980,152 円 | |
| 控 除 税 額 | 90,000 円 | |
| 差引所得に対する法人税額 | 25,890,100 円 | 100 円未満切り捨て |
| 中 間 申 告 分 の 法 人 税 額 | 13,420,000 円 | |
| 納 付 す べ き 法 人 税 額 | 12,470,100 円 | |

4. 納付すべき法人税額の計算過程

| 税 率 適 用 区 分 | |
|---|---|
| | (1) 年800万円以下<br><br>$8,000,000 円 \times \dfrac{12}{12} \times 15\% = 1,200,000 円$<br><br>(2) 年800万円超<br><br>$114,811,000 円 - 8,000,000 円 \times \dfrac{12}{12}$<br><br>$= 106,811,000 円$<br><br>$106,811,000 円 \times 23.2\% = 24,780,152 円$<br><br>(3) 合計<br><br>(1) ＋(2) ＝25,980,152 円 |

[編者紹介]

**経理教育研究会**

商業科目専門の執筆・編集ユニット。
英光社発行のテキスト・問題集の多くを手がけている。
メンバーは固定ではなく、開発内容に応じて専門性の
高いメンバーが参加する。

執筆協力 **榊原 大志**（さかきばら たいし）

税理士・社会保険労務士
1987年生
榊原税務労務会計事務所

ちょっと臆病なチキンハートの犬

# チキン犬

・とても傷つきやすく、何事にも慎重。
・慎重すぎて逆にドジを踏んでしまう。
・頼まれごとにも弱い。
・のんびりすることと音楽が好き。
・運動は苦手（犬なのに…）。
・好物は緑茶と大豆食品。

■英光社イメージキャラクター
　『チキン犬』特設ページ
　https://eikosha.net/chicken-ken
**チキン犬LINEスタンプ販売中！**

**法人税法1級 令和6年度版**
2024年5月15日　発行

編　者　経理教育研究会
発行所　株式会社 英光社
　　　　〒176-0012　東京都練馬区豊玉北1-9-1
　　　　TEL 050-3816-9443
　　　　振替口座 00180-6-149242
　　　　https://eikosha.net

©2024 EIKOSHO
ISBN 978-4-88327-840-4 1923034031002

本書の内容に誤りが見つかった場合は、
ホームページにて正誤表を公開いたします。
https://eikosha.net/seigo

本書の内容に不審な点がある場合は、下記よりお問合せください。
https://eikosha.net/contact
FAX 03-5946-6945
※お電話でのお問合せはご遠慮ください。

落丁・乱丁本はお取り替えいたします。
上記contactよりお問合せください。